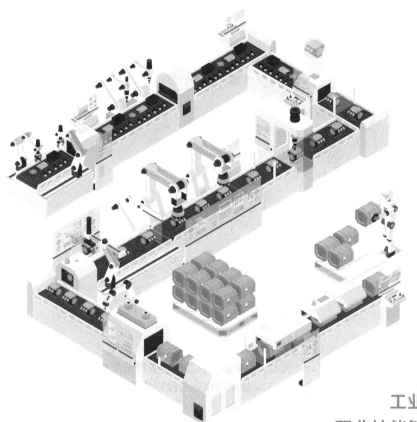

工业数据采集与边缘服务
职业技能等级证书官方指定教材

工业数据采集与边缘服务

中级

北京新大陆时代科技有限公司◎组编

廖永红 吴冬燕 曹焕◎主编

王金虎 钮长兴 陈勇◎副主编

人民邮电出版社

北京

图书在版编目（CIP）数据

工业数据采集与边缘服务：中级 / 廖永红，吴冬燕，曹焕主编. -- 北京：人民邮电出版社，2023.6
"1+X"职业技能等级证书配套系列教材
ISBN 978-7-115-59805-9

Ⅰ．①工… Ⅱ．①廖… ②吴… ③曹… Ⅲ．①制造工业－数据采集－职业技能－鉴定－教材 Ⅳ．①F407.4

中国版本图书馆CIP数据核字(2022)第138106号

内 容 提 要

本书较为全面地介绍了工业数据采集与边缘服务（中级）的相关知识技能，涵盖工业数据采集与边缘服务（中级）的职业技能要求。本书分上、下两篇，共 8 章，包括工业数据采集与边缘服务简介、工业数据采集与边缘服务平台介绍、工业数据采集、工业通信协议、边缘侧数据采集、边缘服务通信服务开发部署、边缘服务数据存储服务开发部署、边缘服务接口服务部署应用等。书中提供 10 个实训任务，读者通过练习和操作实践，可以巩固所学的内容。

本书是"1+X"职业技能等级证书——工业数据采集与边缘服务（中级）的培训认证配套用书，也可以作为工业互联网相关专业实训教材，适合工业互联网从业人员自学使用。

◆ 主　　编　廖永红　吴冬燕　曹　焕

副 主 编　王金虎　钮长兴　陈　勇

责任编辑　刘晓东

责任印制　王　郁　焦志炜

◆ 人民邮电出版社出版发行　　北京市丰台区成寿寺路 11 号

邮编 100164　电子邮件 315@ptpress.com.cn

网址 https://www.ptpress.com.cn

固安县铭成印刷有限公司印刷

◆ 开本：787×1092　1/16

印张：13　　　　　　　　2023 年 6 月第 1 版

字数：333 千字　　　　　2025 年 8 月河北第 5 次印刷

定价：49.80 元

读者服务热线：(010)81055256　印装质量热线：(010)81055316
反盗版热线：(010)81055315

前　言

工业互联网是新一代信息技术与工业经济深度融合的全新工业生态、关键基础设施和新型应用模式，通过人、机、物的全面互联，实现全要素、全产业链、全价值链的全面连接，并将推动形成全新的工业生产制造和服务体系。工业互联网可以简单理解成互联网从消费领域走向生产领域，目的是完成制造业数字化、网络化、智能化的升级。可以用一个简单的公式来表达：工业互联网=实体制造+数字经济。

2020年4月，中华人民共和国人力资源和社会保障部国家职业目录中新增"工业互联网工程技术人员"。工业互联网工程技术人员是"围绕工业互联网络、平台、安全三大体系，在网络互联、标识解析、平台建设、数据服务、应用开发、安全防护等领域，从事规划设计、技术研发、测试验证、工程实施、运营管理和运维服务等工作的工程技术人员"。同期，工业互联网产业联盟发布《工业互联网体系架构（版本2.0）》，明确指出：工业互联网的核心功能原理是基于数据驱动的物理系统与数字空间全面互联与深度协同，以及在此过程中的智能分析与决策优化；工业互联网以数据为核心，实施重点明确在制造系统各层级的功能分布、系统设计与部署方式；工业互联网实施架构包括设备层、边缘层、企业层、产业层。工业互联网是软件和通信技术在工业领域的实施应用，工业现场各种设备数据采集和边缘服务，成为工业互联网类从业人员的基本技能。

2019年年初，国务院发布《国务院关于印发国家职业教育改革实施方案的通知》（国发〔2019〕4号），北京新大陆时代科技有限公司结合工业互联网相关科研机构和企事业单位的实际岗位群的职业技能要求，制定了《工业数据采集与边缘服务职业技能等级标准》，规定了工业数据采集与边缘服务的工作岗位的等级、工作领域、工作任务以及职业技能要求，分为初级、中级、高级3部分。

本书是"1+X"职业技能等级证书——工业数据采集与边缘服务（中级）的培训认证配套用书。本书主要针对工业互联网相关科研机构和企事业单位，面向安装部署、项目实施、系统调测、功能开发、技术服务等部门与岗位，内容包括工业数据采集、边缘服务数据存储管理、边缘侧信息系统交互应用等。本书覆盖了标准中4个工作领域的知识点和技能点，充分体现了工业数据采集与边缘服务的相关人员在职业活动中所需要的综合能力。

本书由北京新大陆时代科技有限公司组织编写，廖永红、吴冬燕、曹焕担任主编，王金虎、钮长兴、陈勇担任副主编。

由于编者水平有限，书中难免有不妥和疏漏之处，请读者批评指正。

编　者
2023年3月

目　录

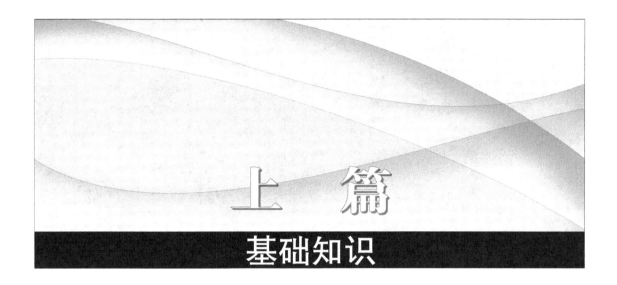

上　篇

基础知识

本书上篇主要介绍工业数据采集与边缘服务的理论知识。第1章简单介绍工业数据采集与边缘服务，第2章介绍工业数据采集与边缘服务平台的结构、工作站、数据采集卡，第3章介绍数据采集、工业通信等工业数据采集知识，第4章通过对 Modbus、Wi-Fi、LoRa 等工业通信协议的介绍解析，详细说明工业数据采集的知识。

第1章 工业数据采集与边缘服务简介

工业互联网需要解决多类工业设备接入、多源工业数据集成、海量数据管理与处理、工业数据建模分析、工业应用创新与集成、工业知识积累与迭代实现等一系列问题，将有力促进行业增速发展。

随着以互联网、工业互联网、大数据及人工智能为代表的新一代信息技术的快速发展，新一代信息技术与传统产业的加速融合，全球新一轮的"科技革命"和"产业革命"正蓬勃兴起。"工业4.0"时代的到来，促使新的生产方式、组织方式和商业模式不断涌现，工业互联网应运而生，推动着全球工业体系的智能化变革。

工业互联网未来发展趋势如下。

（1）设备日趋多元化。

接入工业互联网的智能设备的数量和类型越来越多，倾向于在数据源处理互联互通产生的海量数据，而不需要将数据传输到云端，更适合数据的实时和智能化处理，因此更加安全、快捷、易于管理。

（2）由产业个体向生态系统转型。

工业互联网领域的公司将由单一的产业个体向价值链的参与者转变，公司间通过建立并发展紧密的战略合作关系，成为工业互联网解决方案供应商的生态系统的一分子。

（3）应用由设备和资产向产品和客户转移。

工业互联网不仅能够实现设备的互联，还能够通过优化产品类型、维护客户关系为企业服务。

随着国家基础工业的大力发展，对工业产业不断地进行优化升级，对高质量发展的需求不断增加，对业务时延、隐私和安全等指标的要求也进一步提高，整体呈现精细化、柔性化和智能化的发展趋势。这不仅需要云计算的整体运筹，还需要工业数据采集与边缘服务的本地实时决策职能。

工业数据采集与边缘服务是在靠近物或数据源的网络边缘侧，构建融合网络、计算、存储、应用核心能力的分布式开放体系，形成新的生态模式，就近提供边缘智能服务，满足制造业在敏捷连接、实时业务、数据优化、应用智能、安全与隐私保护等方面的关键需求，完成OT与IT跨界协作、推动信息流动和集成、实现知识的模型化，以及开展端到端的产业各环节协作，推动制造业的发展。工业互联网实施框架如图 1-1 所示。

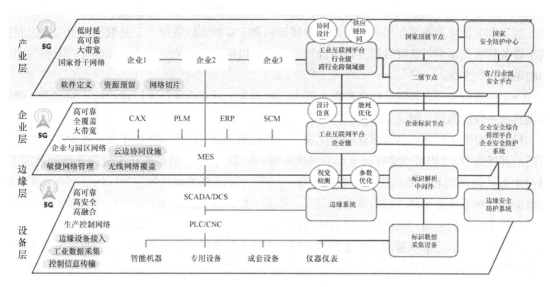

图 1-1　工业互联网实施框架

工业数据采集与边缘服务提供设备之间的互联互通机制、OT 系统和 IT 系统互联互通机制，以及部署于工业现场的实时数据采集、汇聚、存储、分析机制，可以快速、便捷地实现 OT 与 IT 的整合。工业数据采集与边缘服务有利于解决制造业当前和未来所面临的如下问题。

（1）工业数据采集与边缘服务能有效解决制造系统的连接性问题。

制造领域行业众多，行业碎片化导致设备连接协议众多，造成设备互联困难。工业数据采集与边缘服务具有完善的连接配置和管理能力，可收集系统间实时通信需求和服务质量要求，运行、优化调度算法，转化为对时间敏感网络（Time Sensitive Networking，TSN）交换机和 5G 网络的配置，支持多种实时数据流传输。在保证信息安全的基础上，工业数据采集与边缘服务不仅可以把支持传统接口和协议的设备接入，而且通过引入数据抽象层，使得不能直接互联互通的设备基于边缘服务实现互联互通。边缘服务的低延迟性能可以保证设备间的实时横向通信。

（2）工业数据采集与边缘服务为制造业提供边缘侧的建模工具及智能工具。

不同类型的制造工厂，都需要不断提高自动化和数字化程度，提升制造质量和效率，不断丰富以数据为中心的各种应用。边缘服务作为互联网架构的中间层，可提供现场级的实时计算、存储和通信机制。标准化的设备数据采集机制，以及逐步完善的边缘应用程序生态、基于边云协同的部署机制，将为制造领域专家提供大量平台化、模块化的灵活、易用工具，不断提升工厂的精益制造能力。

（3）工业数据采集与边缘服务为制造业提供决策和效率优化能力。

当前大量制造系统受限于数据的不完备性，整体设备效率等指标数据计算比较粗放，难以用于效率优化。边缘计算基于设备信息模型实现语义级别的制造系统横向通信和纵向通信，基于实时数据流处理机制汇聚和分析大量现场实时数据，实现基于模型的生产线多数据源信息融合，为制造系统的决策提供强大的数据支持。工业数据采集与边缘服务可以有效支持：物料的标识和可追溯性；设备和生产线状态实时监控；现场操作指导和操作优化；自适应的生产调度和工序的优化；上下料和车间物流环节的优化。

（4）工业数据采集与边缘服务为制造系统的数字孪生系统提供支撑。

数字孪生系统是数字制造系统的核心，包括产品数字孪生、生产过程数字孪生、性能数字孪生。数字孪生系统能发挥作用依赖深入的领域知识和丰富的实际数据。工业数据采集与边缘服务基于设备管理壳模型对实时数据进行清洗和预处理，以保证数据的完整性和有效性，为模型和数据的融合提供支撑。

（5）边缘服务具有较强的抽象和黏合能力，针对老工厂升级和新工厂建设的不同需求，能够提供具有一致性的设计解决方案。

目前大量老工厂都面临数字化转型问题，工业数据采集与边缘服务由于具有强大的连接性和灵活的部署能力，可以提供多种轻量级的解决方案。在不对自动化装备进行大规模升级的情况下，通过增加边缘网关和必要的边缘侧数据采集终端等，可以有效提高制造工厂的数字化水平，加强数据在制造系统各个环节间的流动，实现各种基于数据的智能应用。

（6）工业数据采集与边缘服务可以实现制造系统实时软件开发的软硬件解耦。

智能工厂的运行依赖智能装备和智能流程，需要大量的实时软件支持。目前很多装备实时软件过度依赖具体的控制系统硬件，难以迁移到不同的系统。基于边缘计算的微服务架构，可以将大量的实时规划、优化排版、设备监控、故障诊断和分析、自动导引车（Automated Guided Vehicle，AGV）调度等功能封装在边缘应用程序上，实现软件与硬件平台的解耦，降低开发难度，提高软件质量；通过边缘服务可进行边缘应用程序的灵活部署，实现领域知识的分享。

（7）工业数据采集与边缘服务可以进一步促进制造系统的OT/IT融合。

边缘服务既连接OT系统，又连接IT系统，既具有低延迟、高可靠的现场实时数据采集和处理能力，又具有丰富的IT工具和接口，是当前实现制造系统的OT/IT融合的有效手段。边缘计算通过提供整体的数据发布/订阅机制，根据柔性生产的需求，可以实现从数据源到多个数据订阅端的实时通信，解决传统结构信息流动不畅的问题。边缘计算能提供现场侧丰富的计算和存储能力，可以利用边缘计算数据处理组件等，对各种工艺算法进行灵活部署，实现边缘计算和云计算的协同。

第2章 工业数据采集与边缘服务平台介绍

工业数据采集与边缘服务平台是主要针对工业互联网实施层级中的边缘侧数据采集与边缘层服务两个部分的实训教学产品。工业数据采集与边缘服务平台如图 2-1 所示。

图 2-1　工业数据采集与边缘服务平台

2.1　平台结构

工业数据采集与边缘服务平台分为硬件结构与软件应用两个部分，硬件结构部分负责边缘侧数据采集，软件应用部分负责进行边缘服务器搭建与边缘侧数据处理。平台结构如图 2-2 所示。

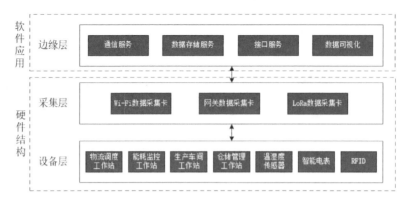

图 2-2　平台结构

2.2　平台工作站

　　平台工作站作为现场数据存储器可在工业现场频繁使用，作为某个生产线或者某个生产区域的集中数据存储区进行工作。工业数据采集与边缘服务平台一共有 4 个数据采集工作站，分别为能耗监控、生产车间、仓储管理、物流调度等相应的工作站，平台工作站如图 2-3 所示。工作站分布如图 2-4 所示。

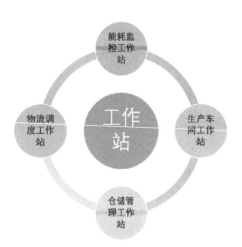

图 2-3　平台工作站

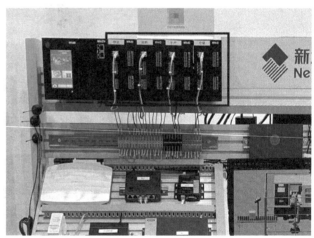

图 2-4　工作站分布

　　工作站作为数据采集与处理中心，对整个工作中心的数据进行统一缓存和处理，采用封装的方式将工作站作为采集终端处理节点。工作站外观如图 2-5 所示。

　　工作站使用 24V 直流电源进行模块供电。工作站拥有 2 个 RS-485 通信端口，4 个 AD 模拟量输入端口，2 个 DA 模拟量输出端口，8 个 DI 输入端口，6 个 DO 输出端口。工作站端口引脚如图 2-6 所示。

（正面）　　　　　　　　　　　　　　（背面）

图 2-5　工作站外观

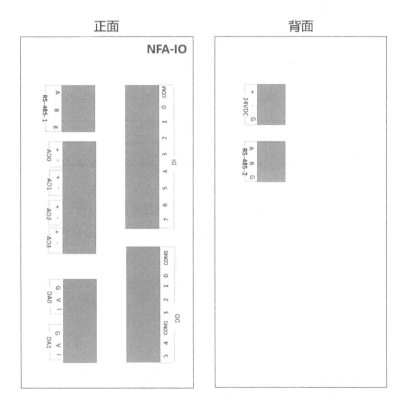

图 2-6　工作站端口引脚

2.2.1　能耗监控工作站

现代企业在提高生产设备自动化的同时，不断加强厂企管理的高效性和精细化程度。作为企业生产必不可少的用电系统，通过采用合理的配电方案并优化用电管理，以达到高效节能、降低企业运营成本、精细化管理之目的。

能耗监控工作站是耗电量、耗水量、耗气量（天然气量或者煤气量）、集中供热耗热量、集中供冷耗冷量与其他能源应用量的控制与测量监控系统。

通过能耗监控工作站对厂区现场生产设备用电信息的管理及照明系统的智能化控制，采用集中管理、分散控制的计算机控制系统，实现设备用电、用水、用气信息的远程采集、统计、管理及优化；根据车间厂房亮度及班次安排表，智能控制相应区间照明灯的通断，以提高生产效率，节省人力，节约用电成本。这样使管理人员在办公室就能了解到整个厂区的用电信息及照明控制情况，可提高信息管理的实时性和高效性，从而实现整个厂区电能信息的智能化和精细化管理。

能耗监控工作站用于采集和存储工业场所能耗情况，内部寄存器存储模拟产生的环境能耗数据。能耗监控工作站有两个关键设备产生能耗监控数据，分别为能耗采集中心与智能电表。

1. 能耗采集中心

能耗采集中心使用控制器内部逻辑程序产生工业能耗信息，并将模拟得到的采集信息存储在相应的工作站内部寄存器。通过 RS-485 通信方式使能耗采集数据与上位机系统实现数据访问。

能耗采集中心数据存储如表 2-1 所示。

表 2-1　能耗采集中心数据存储

地址	数据类型	数据长度	注释
D400	float	2 word	用电量
D402	float	2 word	用水量
D404	float	2 word	用气量
D406	float	2 word	二氧化碳排放量

2. 智能电表

电表作为车间电源能耗的监控设备来使用。通过车间耗电量的分析，促进车间能源合理利用。平台使用的是单相电子式电能表 DDSU666（后称智能电表），智能电表如图 2-7 所示。智能电表电气引脚如图 2-8 所示。

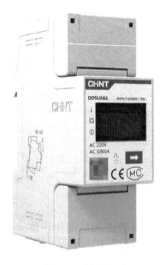

- 电表额定电压为 220V，额定电流为 80A，频率为 50Hz。
- LED 段码显示。
- 具有有功电能计量及电压、电流、功率、功率因数、频率等电参量测量功能。
- 具有 RS-485 通信接口，通信规约支持 Modbus-RTU 及 DL/T645-2007。

图 2-7　智能电表

RS-485-1 为能耗采集中心的通信端口，RS-485 为智能电表的通信端口。RS-485 通信参数如表 2-2 所示。

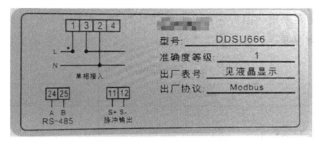

图 2-8 智能电表电气引脚

表 2-2 RS-485 通信参数

连接设备	通信端口	端口通信参数
能耗采集中心	RS-485-1	波特率：9600bit/s。数据位：8。 停止位：1。奇偶校验：无。从站地址：1
智能电表	RS-485	波特率：9600bit/s。数据位：8。 停止位：1。奇偶校验：无。从站地址：1

2.2.2 生产车间工作站

智能车间管理系统是一套多种软硬件结合，基于对企业的人、机、料、法、环等制造要素全面精细化感知，并采用大规模、多种物联网感知技术手段，支持生产管理科学决策的新一代智能化制造过程管理系统。

1. 线体设备监控

线体设备运行的状态直接影响着产品合格率，因此，设备运行良好是保证生产合格率的一个关键因素，对生产线的监控也就成了车间管理的主要部分。生产线所有设备的状态与实时数据经采集器采集并自动上传服务器，监控人员只需上网即可监控生产线设备的运行状态、生产数量、生产效率，并通过网络或短信对设备进行参数设置。不用亲临生产现场即可指导或操作生产过程。当生产线设备发生故障或产品合格率达不到预定标准时自动报警，并上传故障信息，方便工作人员及时查找故障原因并尽快给出相应的处理对策。

2. 产品质量控制

从产品的开发设计、生产制造到销售，整个过程都应做到规范化、科学化、制度化。质量控制点的设置，不仅可提高生产效率，降低不合格率，也可降低经营成本，提高企业管理效率。

每一个产品都有自己唯一的 ID，通过 ID 可以查出生产日期、生产时间、生产线号、产品版本、测试项目。系统为每一个重要的环节都设置了质量控制点，检测通过的产品进入下一个环节的生产，未通过的从生产线剔除进入后续处理环节，通过 ID 查询出错环节，有目的地对产品进行维修。ID 随产品出厂，永久记录产品信息，增强了产品质量可追溯性。

3. 生产信息

生产信息包括生产计划（其中包括计划生产数量、计划完成时间）、完成情况（其中包括生产数量，如成品、半成品、待修品和报废品等生产数量，以及完成时间）、比较（差额和完成率）。如果要考虑车间经营和效益情况，还需要填报原材料消耗报表和工时利用报表。

生产车间工作站需要采集与监控生产车间的生产数据，并将采集的数据按照车间生产工位进行参数存储。生产车间数据存储区如表2-3所示。

表2-3 生产车间数据存储区

工位	地址	数据类型	数据长度	注释
工位1	M700	bit	1bit	工作状态
	D400	int	1word	运行时间
	D401	int	1word	计划产量
	D402	int	1word	实际产量
工位2	M701	bit	1bit	工作状态
	D403	int	1word	运行时间
	D404	int	1word	计划产量
	D405	int	1word	实际产量
工位3	M702	bit	1bit	工作状态
	D406	int	1word	运行时间
	D407	int	1word	计划产量
	D408	int	1word	实际产量
工位4	M703	bit	1bit	工作状态
	D409	int	1word	运行时间
	D410	int	1word	计划产量
	D411	int	1word	实际产量

RS-485通信参数如表2-4所示。

表2-4 RS-485通信参数

连接设备	通信端口	端口通信参数
生产车间工作站	RS-485-1	波特率：9600bit/s。数据位：8。 停止位：1。奇偶校验：无。从站地址：1

2.2.3 仓储管理工作站

智能仓储系统是运用软件技术、互联网技术、自动分拣技术、光导技术、射频识别（RFID）、声控技术等先进的科技手段和设备对物品的进出库、存储、分拣、包装、配送及其信息进行有效的计划、执行和控制的物流活动，主要包括识别系统、搬运系统、储存系统、分拣系统及管理系统。

入库：当货物通过进货口传送带进入仓库时，每托盘货物信息通过进货口读写器写入托盘，然后通过计算机仓储管理信息系统计算出货位，并通过网络系统将存货指令发送到叉车车载系统，按照要求存放到相应货位。

出库：叉车接收到出货指令，到指定货位叉取托盘货物。叉取前叉车读写器再次确认托盘货物是否准确，检验无误后将托盘货物送至出货口传送带，出货口传送带读写器读取托盘标签信息是否准确，校验无误后出货。

库存盘点：仓库内读写器实时读取在库货物标签信息，核对实时盘点数据与数据库中统计的仓储信息是否一致。

货物区域定位：转移仓库内读写器实时读取货物标签信息，控制中心根据读写器标签判断各个货物存放区域，统计仓库使用情况，并据此安排新入库货物存放位置。

能耗采集中心作为使用控制器内部逻辑程序产生工业能耗信息，并将模拟到的采集信息存储在相应的工作站内部寄存器。通过 RS-485 通信方式使能耗采集数据与上位机系统实现数据访问。

仓储管理工作站由两个关键模块组成，分别是仓储环境监控中心与 RFID。

1. 仓储环境监控中心

仓储环境监控中心存储仓储数据。仓储数据存储如表 2-5 所示。

表 2-5　仓储数据存储

地址	数据类型	数据长度	注释
D400	int	1word	烟雾浓度
D401	int	1word	二氧化碳浓度
M700	bit	1bit	声光喇叭
M701	bit	1bit	报警按钮
Y0	bit	1bit	指示灯 1
Y1	bit	1bit	指示灯 2
Y2	bit	1bit	指示灯 3
Y3	bit	1bit	指示灯 4

2. RFID

模块使用荣士 IC-10MRW 型 RFID 读写器，如图 2-9 所示。

荣士 IC-10MRW 型 RFID 读写器采用标准的 Modbus-RTU 通信协议，支持三菱、欧姆龙、西门子等多种工业控制器读取 IC 卡存储的信息并存储到数据寄存器，也可以通过上位机写寄存器数据更改 IC 卡的信息。

荣士 IC-10MRW 型 RFID 读写器采用 RS-485 通信接口，提供可供二次开发的标准 Modbus 协议。

设备功能如下。

红绿双色指示灯；蜂鸣器读卡提醒；工作频率为 13.56MHz；读卡时间为 0.08s；感应距离为 0 ~ 10cm；感应方式为非接触式读卡；适用卡类为 Mifare one s50/s70 系列；外接电源为 9 ~ 36V，并内置电源保护功能。

RFID 读写器寄存器地址如表 2-6 所示。

图 2-9　RFID 读写器

表 2-6 RFID 读写器寄存器地址

寄存器地址	映射地址	内容	操作
0007H	40008	RFID 读状态（4 代表写入，7 代表读取）	读写
0010H	40011	RFID 数据	读写

3．RS-485 通信接口

仓储管理工作站使用封装方式对仓储环境监控中心进行封装处理，预留通信接口与网络设备进行通信连接。其中，RS-485-1 为仓储数据中心通信连接接口，RS-485 为 RFID 读写器通信连接接口。RS-485 通信参数如表 2-7 所示。

表 2-7 RS-485 通信参数

连接设备	通信端口	端口通信参数
仓储环境监控中心	RS-485-1	波特率：9600bit/s。数据位：8。 停止位：1。奇偶校验：无。从站地址：1
RFID	RS-485	波特率：9600bit/s。数据位：8。 停止位：1。奇偶校验：偶校验。从站地址：1

2.2.4 物流调度工作站

物流调度主要是指在物流过程中物流公司根据待发货物的重量、去向、规格、加急程度等对所属的车辆和人员进行合理的安排和调度。

物流公司良好的物流调度可以迅速将客户托付的货物及时并完好地送达收货方。"调运优先准则"是在物流调运中根据交货期迟早、距离远近、运输量大小及客户重要性程度等信息而对当前全部客户的物流调运优先级进行分类、排序的。

物流调度根据调运优先准则设定配送点的当前调运优先级，可以进一步构成物流调运的递阶控制机制。调运优先准则以实现物流调运敏捷化为策略层面的首要准则，并按调运策略的层次顺序设置。

AGV 是智能化物流仓库中必不可少的工具，其可在不需要驾驶员的情况下将货物安全地送达指定地点，是以自动充电的蓄电池为动力来源的运输车。它以不固定占用地面面积、自动化程度高、应用灵活、安全可靠、无人操作、维修方便等优点迅速立足于自动化仓库。AGV 系统的"大脑"是控制管理系统，它由图形监控系统、无线电通信系统、激光引导系统、反射板导航系统、信息采集系统、自动充电系统组成。控制中心将工作任务通过无线设备发布出来，离任务点最近的 AGV 根据接收到的信息按照控制中心预先设定好的路径到达规定地点并完成相关作业。在行驶过程中，AGV 通过激光头对周围反射板的扫描和计算来导航并修正行驶线路偏差，保证行驶路径的精确。同时，通过计算机系统汇报自己的行驶位置和作业完成进度，并在图像监控系统中反映出来。如果 AGV 行驶过程中出现交通堵塞的情况，控制管理系统会自动进行交通疏散和管理。当 AGV 电量不足，无法正常工作时，AGV 会发出充电请示信号，控制中心接收到信号后，发出充电指令，AGV 自动行驶到充电站完成充电任务。充电结束时，信号采集系统会采集结束信号反馈给控制中心，然后控制中心下达结束充电的指令，AGV 完成充电任务。AGV 调度如图 2-10 所示。

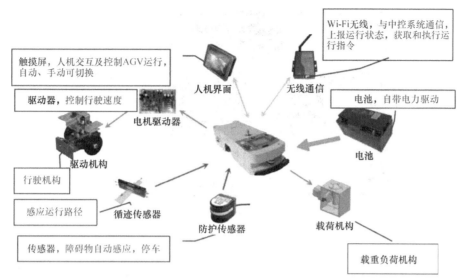

图 2-10　AGV 调度

AGV 调度寄存器数据如表 2-8 所示。

表 2-8　AGV 调度寄存器数据

地址	数据类型	数据长度	注释
D400	int	1word	AGV1 电池电量
D401	int	1word	AGV1 行程
D402	int	1word	AGV1 速度
D403	int	1word	AGV1 装载量
D404	int	1word	AGV2 电池电量
D405	int	1word	AGV2 行程
D406	int	1word	AGV2 速度
D407	int	1word	AGV2 装载量

物流调度工作站使用封装方式将 AGV 控制系统进行封装处理，其中 RS-485-1 为物流调度中心通信端口。RS-485 通信参数如表 2-9 所示。

表 2-9　RS-485 通信参数

连接设备	通信端口	端口通信参数
物流调度工作站	RS-485-1	波特率：9600bit/s。数据位：8。 停止位：1。奇偶校验：无。从站地址：1

2.3　数据采集卡

边缘侧数据采集与边缘服务通过数据采集卡的形式实现工作站数据采集与通信传输，通过不同类型数据传输与转换方式，实现工业边缘侧数据采集。

平台边缘侧数据采集卡分为 Wi-Fi 数据采集卡、网关数据采集卡、LoRa 数据采集卡。数据采集卡如图 2-11 所示。

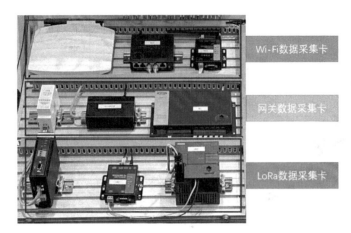

图 2-11　数据采集卡

2.3.1　Wi-Fi 数据采集卡

Wi-Fi 数据
采集卡的安装

Wi-Fi 数据
采集卡接线

　　基于 Wi-Fi 网关的通信配置，主要是对 RS-485 转 Wi-Fi 模块及 AP 管理器进行通信参数配置。RS-485 转 Wi-Fi 模块可使用免安装的配置软件进行参数配置，AP 管理器则可通过浏览器登录管理员界面进行无线网络参数配置。通过通信参数配置，进行网络连接，实现 Wi-Fi 网关的数据采集传输。Wi-Fi 数据采集卡器件清单如表 2-10 所示。

表 2-10　Wi-Fi 数据采集卡器件清单

序号	设备	图片
1	串口转 Wi-Fi 模块	
2	AP 管理器	
3	无线 AP	

1. RS-485 转 Wi-Fi 模块

RS-485 转 Wi-Fi 模块是多种 Wi-Fi 模块中的一类，功能是将串口或 TTL 电平转换为符合 Wi-Fi 无线网络通信标准的数据传输模块。RS-485 转 Wi-Fi 模块一般会集成射频电路、MAC 地址、Wi-Fi 驱动和协议、无线安全协议等。利用 RS-485 转 Wi-Fi 模块，用户可以实现串口、Wi-Fi 接口之间的转换，最终实现无线数据传输、采集、控制。模块采用 USR-W610 型串口转 Wi-Fi 模块，如图 2-12 所示。

支持的功能如下。

支持 802.11b/g/n 无线标准；支持 RS-232/RS-485 转 Wi-Fi/以太网接口的通信方式；工作模式可选择透明传输模式、串口指令模式、AT 命令模式；支持自定义心跳包、套接字分发协议、Modbus 轮询功能；支持网页、设置软件、串口 AT 命令、网络 AT 命令 4 种参数配置方式。

图 2-12　USR-W610 型
串口转 Wi-Fi 模块

2. AP 管理器

AP 管理器模块采用 TL-R470GP-AC 型，它是 TP-LINK 全新推出的 PoE·AC 一体化千兆路由器。内置 AC（无线控制器）和 4 口标准 PoE 供电功能，可统一管理 TP-LINK AP 产品并为其供电。AP 管理器如图 2-13 所示。

3. 无线 AP

无线 AP 模块采用 TL-AP451C 型，它采用 3×3MIMO 架构，提供 450Mbit/s 无线传输速率，并能根据 AP 所处环境的无线信道使用情况，自动选择适宜信道，避免同频干扰，保证无线稳定。无线 AP 如图 2-14 所示。

图 2-13　AP 管理器

图 2-14　无线 AP

2.3.2　网关数据采集卡

基于智能网关的通信配置，主要是对智能网关进行通信参数配置。研华智能网关可使用 Advantech EdgeLink Studio（简称 EdgeLink Studio）软件进行参数配置。通过通信参数配置，进行网络连接，可实现智能网关的数据采集传输。网关数据采集卡清单如表 2-11 所示。

网关数据
采集卡的安装

网关数据
采集卡接线

表 2-11　网关数据采集卡清单

序号	设备	图片
1	智能网关	
2	RS-485 串口服务器	
3	OPC UA 服务器	

1. 智能网关

研华 ECU-1251 是一款基于 RISC 架构的智能网关。具备开放且稳健的平台设计，支持以太网有线通信及 Wi-Fi/3G/GPRS/4G 无线通信方式，兼容多种工业标准通信协议 Modbus 及 IEC 60870，并且可与上层软件有效整合，使得 ECU-1251 更适合在工业、能源物联网相关分布式监测进行应用。智能网关如图 2-15 所示。

2. RS-485 串口服务器

单路 RS-485 串口服务器是一款 RS-485 转以太网接口的串口服务器，内部集成了优化过的 TCP/IP 协议栈，用户利用它可以轻松完成嵌入式设备的网络功能。单路 RS-485 串口服务器如图 2-16 所示。

- 10/100Mbit/s 自适应以太网接口，支持 AUTO-MDIX 网线交叉直连自动切换。
- 工作模式可选择 TCPServer、TCPClient、UDPClient、UDPServer、HttpdClient、ModbusTCP。
- 串口波特率从 600bit/s 到 460.8kbit/s（可设置），支持 None、Odd、Even、Mark、Space 这 5 种校验。
- 自定义心跳包机制，保证连接真实可靠，杜绝死连接。
- 自定义注册包机制，检测连接状态，也可做自定义包头，可选用 MAC 地址做注册包。

- TCPServer 模式下，连接 Client 的数量可在 1～8 个任意设置，默认 4 个，已连接 Client 的 IP 地址可显示，按连接计算发送/接收数据。
- TCPServer 模式下，当连接数量达到最大值时，新连接是否踢掉旧连接可设置。
- 支持 TCPClient 短连接功能，短连接断开时间可自定义。
- 出厂烧写全球唯一 MAC。
- 可以跨越网关、交换机、路由器运行。
- 可以工作在局域网，也可访问外网。

图 2-15　智能网关

图 2-16　单路 RS-485 串口服务器

3. OPC UA 服务器

OPC UA 服务器是基于树莓派开发板的仿真服务器，它隐藏了内部的开发细节，通过在树莓派上部署 OPC UA 服务，提供统一的 OPC UA 数据接口。用户可以通过该数据接口，按照 OPC UA 的架构对数据进行读写。

2.3.3　LoRa 数据采集卡

LoRa 数据
采集卡的安装

LoRa 数据
采集卡接线

基于 LoRa 网关的通信配置，主要是对 LoRa 网关、LoRa 终端及 PLC 进行通信参数配置。LoRa 网关、LoRa 终端可使用免安装的配置软件进行参数配置，西门子 200 SMART PLC 需使用 STEP 7-Micro/WIN SMART 软件进行程序编写及通信参数设置。通过通信参数配置，进行网络连接，可实现 LoRa 网关的数据采集传输。LoRa 数据采集卡清单如表 2-12 所示。

表 2-12　LoRa 数据采集卡清单

序号	设备	图片
1	LoRa 终端	

续表

序号	设备	图片
2	LoRa 网关	
3	工业控制器	

第3章

工业数据采集

3.1 数据采集

3.1.1 基本概念

数据采集（DAQ），是指从传感器和其他待测设备等模拟和数字被测单元中自动采集信息的过程。

1. 模拟量

模拟量是指在时间和数值上都是连续的物理量，其表示的信号为模拟信号。模拟量在连续的变化过程中的任何一个取值都是一个具体有意义的物理量，如温度、压力、电流等。

2. 数字量

数字量，也就是离散量，指的是分散开来的、不存在中间值的量。例如，一个开关所能够取的值是离散的，只能是开或者关，不存在中间的情况。所以数字量在时间和数量上都是离散的物理量，其表示的信号为数字信号，数字量是由 0 和 1 组成的信号。

3. 开关量

开关量一般指的是触点的"开"与"关"的状态，在计算机设备中也会用"0"或"1"来表示开关量的状态。开关量分为有源开关量信号和无源开关量信号。有源开关量信号指的是"开"与"关"的状态是带电源的信号，一般的都有 220V AC、24V DC 等信号；无源开关量信号指的是"开"与"关"的状态是不带电源的信号，一般又称为干接点。

3.1.2 工业数据采集简介

数据采集是工业互联网的基础，没有数据的工业互联网将是"无源之水"。工业互联网的价值在很大程度上取决于采集数据的数量和质量。

1. 工业数据的种类

由于行业不同、应用场景不同，对工业数据的分类也不尽相同。如果从广义上理解，工业数据可以涵盖产品研发、企业资源管理、产品工艺、生产过程、市场营销、售后维护等不同方面，工业数据的范围非常庞大，数据采集的方式自然也就多种多样。这里我们将工业数据的范围锁定在狭义的范围，主要是指生产制造过程的数据。

生产制造过程的数据，不同行业对数据的分类也不同。比如流程行业，可分为工艺数据、过程数据及实绩数据。工艺数据主要是指温度、压力、电流、电压等直接影响生产效率、产品质量的数据。过程数据是指生产过程中所使用或者产生的数据，比如物料、计划、生产节拍等。实绩数据包括投入产出数量、合格率等。

在离散制造行业，主要的制造数据包括设备数据、生产过程数据、质量数据等。设备数据主要是指设备运行状态信息、实时工艺参数信息、故障信息、维修/维护信息等。生产过程数据主要是指生产计划、产品加工时间、加工数量、加工人员、加工参数、产品完工率等。质量数据主要是指产品质量信息、工艺质量信息等。

2. 工业数据采集的意义

工业现场里每一套设备、系统都能产生数据。从设备数据的角度来看，可以从庞大的数据背后挖掘、分析设备意外停机的原因，找出更好的设备维护方式，从而提高设备使用效率；从质量数据的角度来看，可以获取产品的质量缺陷问题、质量缺陷点，从而降低产品的不良品率；从生产数据的角度来看，可以有效分析生产过程中存在的问题，优化工艺流程，提高生产效率。通过数据采集，工业互联网平台结合行业知识对这些数据进行进一步处理和挖掘，以量化、可视化等方式，定位生产制造中存在的问题并进行解决，可为企业智能制造提供源源不断的新动能，有效提升企业竞争力。

3. 工业数据采集的方式

常见的工业数据采集方式有3种，分别是直接联网通信、工业通信网关采集和远程I/O模块采集。

（1）直接联网通信。

直接联网通信是指借助工业设备自身的通信协议、通信网口，不添加任何硬件，直接与车间的局域网进行连接，与数据采集服务器进行通信，服务器上的软件进行数据的展示、统计和分析。

（2）工业通信网关采集。

对于没有以太网通信接口，或不支持以太网通信的工业设备，可以借助工业通信网关的方式连接设备，实现对设备数据的采集，实时获取设备的各种信息。

工业通信网关可以在各种网络协议间做报文转换，即将不同种类的设备通信协议转换成一种标准协议，通过该协议实现数据采集服务器对现场设备信息的实时获取。

（3）远程I/O模块采集。

对于不能直接进行以太网口通信，又没有PLC控制单元的设备，可以通过部署远程I/O模块进行设备数据的采集。通过远程I/O模块的方式可以实时采集设备的基本状态，如设备运行、停止、报警、故障等。

远程I/O模块，是工业级远程采集与控制模块，可提供无源节点的开关量输入采集。通过对设备电气系统的分析，确定需要的电气信号，连接远程I/O模块，由模块将电气系统的开关量、模拟量转化成网络数据，再通过车间局域网传送给数据采集服务器。

3.2 工业通信

现场总线、工业以太网、工业无线是现在工业通信范畴的三大干流技术。将现场总线、工业以太网、工业无线技术融合到工业控制网络中，在保证体系稳定性的同时，增强体系的开放性和互操作性。

3.2.1 现场总线

现场总线的出现不仅简化了工业控制体系的结构，还使得整个控制体系的规划、设备、投运、检修保护都大大简化了，所以现场总线技术的出现的确给工业自动化带来了一场深层次的革新。

近十年来现场总线在工业控制范畴得到了迅速的发展，并且在工业自动化体系中得到了广泛的运用。但现场总线技术至今还没有一个一致的规范。事实上，从现场总线提出的时候，国际电工委员会/国际标准化协会（IEC/ISA）就开始着手拟订现场总线的规范，但互相的开放性和互操作性还难以一致。

3.2.2 工业以太网

在"现场总线标准大战"硝烟正浓之时，以太网悄悄进入了工业范畴，然后产生了一个新的名词——"工业以太网"。并且由于以太网传输速率较现场总线更快等，以太网技术一出生就"血气方刚"，几年来其气势更是盖过了现场总线。然而，与当年的现场总线的规范之争相同，工业以太网也出现了多种不同的以太网技术，如 Enternet/IP、Profinet、ModbusTCP、EtherCAT、POWERLINK 等。这些网络在不同层次上根据不同的技术和协议，包含 OPC、CP、IP 等，并且每种技术的背面都有不同的厂商阵营在支撑，这就形成了多种以太网技术共存的局面。

3.2.3 工业无线

再说无线技术，从复杂的布线到现在仅需一台无线信号发射器，从依靠 PC 到现在可利用任何一种带有无线终端适配器的设备，连接网络出现在任何时间、任何地域、任何设备上都畅通无阻的现状。

技术在发展的同时也推动了社会的前进，不管是军用产品、工业产品乃至民用产品，无线技术俨然成为社会发展中必不可少的一部分。相比有线网络，无线网络特点如下：具有移动性，没有通信线缆的约束，通信终端能够在通信区域内自由移动或随意安置；组网快速灵敏，无线通信体系避免了铺设电缆的烦琐工作，减少了施工量；覆盖面积广，无线通信能够遍及有限网络能够抵达的区域，还能够在不方便运用有线网络的地方完成数据通信；拓宽能力强，能够组成多种拓扑结构，非常容易拓宽节点。

当然，现阶段人们对无线技术的安全性、可靠性、性价比等状况仍有置疑，对无线技术适合怎样的工业运用亦不甚了解。

第4章 工业通信协议

4.1 Modbus 通信协议

Modbus 协议是一种已广泛应用于当今工业控制领域的通用通信协议。通过此协议，控制器相互之间或控制器经由网络（如以太网）可以和其他设备进行通信。Modbus 协议使用的是主从通信技术，即由主设备主动查询和操作从设备。一般将主控设备方所使用的协议称为 Modbus Master，从设备方使用的协议称为 Modbus Slave。典型的主设备包括工控机和工业控制器等，典型的从设备如 PLC 等。

4.1.1 串行通信

1. 串行通信概述

介绍 Modbus 协议就不得不提串行通信，因为 Modbus 最初的协议版本是一种串行通信协议。所谓"串行通信"是指外设和计算机之间，通过数据信号线、地线与控制线等，按位传输数据的一种通信方式。一方面，根据信息的传送方向，串行通信可以分为单工、半双工和全双工这 3 种；另一方面，根据对数据流的分界、定时以及同步方案，又可分为同步串行通信和异步串行通信两种方式。

2. 同步串行通信和异步串行通信

（1）同步串行通信。

同步串行通信是指发送端和接收端必须使用同一时钟，是一种连续传送数据的通信方式，一次通信传送多个字符数据（一帧数据）。同步串行通信如图 4-1 所示。

同步串行通信的特点：必须有同步时钟，传输信息量大，传输速率高，但是传输设备较为复杂，技术要求高，因此实际应用中较少使用。

（2）异步串行通信。

异步串行通信是指发送端和接收端使用的是各自的时钟，并且它是一种不连续的传输通信方式，一次通信只能传输一个字符数据（字符帧），字符帧之间的间隙可以是任意的。异步串行通信如图 4-2 所示。

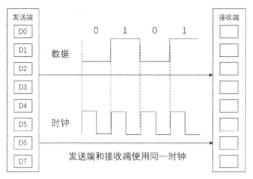

图 4-1 同步串行通信

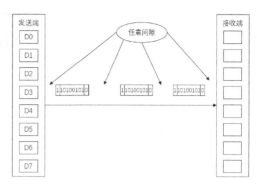

图 4-2 异步串行通信

异步串行通信特点：异步串行通信是我们常采用的通信方式，它不需要同步时钟，通信实现简单，设备简单，但是传输速率不高。

3. 串行通信传送模式

串行通信的传送模式通常有 3 种。

（1）单工模式。

单工模式的数据传输是单向的。通信双方中，一方固定为发送端，另一方固定为接收端。信息只能沿一个方向传输，使用一根传输线。

（2）半双工模式。

半双工模式通信使用同一根传输线，既可以发送数据又可以接收数据，但不能同时进行发送和接收。数据传输允许数据在两个方向上传输，但是在任何时刻只能由其中的一方发送数据，另一方接收数据。因此半双工模式既可以使用一条数据线，也可以使用两条数据线。半双工通信中每端需有一个收发切换电子开关，通过切换来决定数据向哪个方向传输。因为有切换，所以会产生时间延迟，信息传输效率低一些。

（3）全双工模式。

全双工模式通信允许数据同时在两个方向传输。因此，全双工通信是两个单工通信方式的结合，它要求发送设备和接收设备都有独立的接收和发送能力。在全双工模式中，每一端都有发送器和接收器，有两条传输线，信息传输效率高。

4. 异步串行通信数据帧

异步通信采用固定的通信格式，数据以相同的帧格式传送。每一帧由起始位、数据位、校验位和停止位组成。异步通信采用固定的通信格式，如图 4-3 所示。

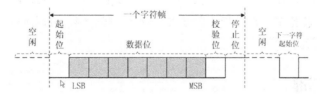

图 4-3 异步通信采用固定的通信格式

起始位：在没有数据传送时（空闲状态），通信线上为逻辑"1"。当发送端要发送一个数据时，首先发送一个逻辑"0"，这个低电平就是帧格式的起始位，其作用是告诉接收端要开始发送一帧数据。接收端检测到这个低电平之后，就准备接收数据信号。

数据位：在起始位之后，发送端发出的就是数据位，数据位的位数没有严格限制（5～8位都可以）。低位在前，高位在后。由低位向高位逐位发送。

校验位：数据位发送完成之后，可以校验数据在传送过程中是否出错。校验位是收、发双方预先约定好的有限制差错检验的方式之一（检验位可以是奇校验、偶校验或无校验位）。

停止位：字符帧格式的最后部分是停止位，逻辑"1"有效，它的占位有1位、1位半或者2位。停止位表示传送一帧信息的结束，也为发送下一帧数据信息做准备。

5. 波特率和接收/发送时钟

（1）比特率与波特率。

比特率（Bit Rate）又称传信率、信息传输速率（简称信息速率，Information Rate）。其定义是：通信线路（或系统）单位时间（每秒）内传输的信息量，即每秒能传输的二进制位数，通常用Rb表示，其单位是位/秒（bit/s）。

波特率（Baud Rate）又称传码率、码元传输速率（简称码元速率）、信号传输速率（简称信号速率，Signaling Rate）或调制速率。其定义是：通信线路（或系统）单位时间（每秒）内传输的码元（脉冲）个数；或者表示信号调制过程中，单位时间内调制信号波形的变换次数，通常用RB表示，单位是波特（Bd或Baud）。

波特率并没有限定是何种进制的码元，所以给出波特率时必须说明这个码元的进制。对于M进制码元，比特率Rb与波特率RB的关系式如下。

$$比特率 = 波特率 \times lbM$$

式中，$lbM = \log_2 M$，表示M的以2为底的对数。显然，对于二进制码元，由于lb2=1，所以Rb=RB，即波特率与比特率在数值上相等，但单位不同，也即二者代表的意义不同。串行通信典型的传输波特率有600、1200、2400、4800、9600、19200、38400。

（2）接收/发送时钟。

在串行传输过程中，二进制数据系列是以数字信号波形的形式出现的。在发送数据时，发送器在发送时钟（下降沿）作用下，将移位寄存器的数据按位串行移位输出；在接收数据时，接收器在接收时钟（上升沿）作用下，对接收数据位采样并按位串行移入移位寄存器。可见，接收/发送时钟是对数字波形的每一位传送都要进行作用的，因此，接收/发送时钟的快慢直接影响通信设备接收/发送字符数据的速度。

接收/发送时钟频率与波特率有如下关系。

$$接收/发送时钟频率 = n \times 接收/发送波特率$$

式中，n为波特率因子，一般为1、16、64。在同步传送方式，必须取$n=1$，即接收/发送时钟频率等于接收/发送波特率。在异步传送方式，$n=1$、16、64，可以选择接收/发送时钟频率是波特率的1、16、64倍。

4.1.2　通信标准

目前常见的串行通信接口标准有RS-232、RS-422和RS-485等。

1. RS-232

RS-232 是美国电子工业协会（EIA）制定的串行数据通信接口标准，它的全称是"数据终端设备（DTE）和数据通信设备（DCE）之间串行二进制数据交换接口技术标准"。

（1）RS-232 引脚接口的种类。

目前常用的 DB-9 连接器按照接口类型可分为公头和母头两种。公头、母头引脚接口如图 4-4 和图 4-5 所示。

图 4-4　公头引脚接口

图 4-5　母头引脚接口

（2）RS-232 引脚的编号定义和功能。

9 针的 RS-232 引脚的编号定义和功能如表 4-1 所示。

表 4-1　9 针的 RS-232 引脚的编号定义和功能

RS-232 引脚编号	引脚名称	作用	备注
1	DCD（Data Carrier Detect）	数据载波检测	—
2	RXD（Received Data）	串口数据输入	必连
3	TXD（Transmitted Data）	串口数据输出	必连
4	DTR（Data Terminal Ready）	数据终端就绪	—
5	GND（Signal Ground）	地线	必连
6	DSR（Data Set Ready）	数据发送就绪	—
7	RTS（Request to Send）	发送数据请求	—
8	CTS（Clear to Send）	清除发送	—
9	RI（Ring Indicator）	铃声指示	—

工业控制中使用的 RS-232 接口一般只使用 RXD（接收数据）、TXD（发送数据）、GND（接地）3 条线。

RS-232 是计算机与通信工业应用中最广泛的一种串行接口，它以全双工方式工作，可实现点对点的通信方式。但是由于其通信距离短、速率低，而且只能进行点对点通信，无法组建多机通信系统。另外，在工业控制环境中，基于 RS-232 标准的通信系统经常会由于外界的电气干扰而导致信号传输错误。以上缺点决定了 RS-232 标准无法适用于工业控制现场总线。

2. RS-422

RS-422 标准是在 RS-232 的基础上发展而来的，它弥补了 RS-232 标准的一些不足。例如，RS-422 标准定义了一种平衡通信接口，改变了 RS-232 标准的单端通信的方式，总线上使用差分电压进行信号的传输。这种连接方式将传输速率提高到 10Mbit/s。

RS-422 和 RS-485 接口没有"标准"引脚定义的说法。因为 RS-422 和 RS-485 连常用的标准接口也没有，具体采用什么接口、接口中使用哪些引脚，完全取决于设备设计生产商自己的定义。

不过，作为 RS-422 和 RS-485 标准，它们定义了按照这两个标准进行通信时所必须提供的信号线。既 RS-422 采用的是 4 线模式。RS-422 信号线如表 4-2 所示。

表 4-2　RS-422 信号线

名称	作用	备注
GND	地线	-
TXA	发送正	TX+或 A，必连
RXA	接收正	RX+或 Y，必连
TXB	发送负	TX−或 B，必连
RXB	接收负	RX−或 Z，必连
+9V	电源	不连

3. RS-485

为了拓展应用范围，EIA 又于 1983 年发布了 RS-485 标准。RS-485 标准与 RS-422 标准相比，增加了多点、双向的通信能力。

RS-485 的信号线有两种，一种是 4 线模式，另一种是 2 线模式。4 线模式信号线如表 4-3 所示。

表 4-3　4 线模式信号线

名称	作用	备注
TDA−/Y	发送 A	TXD+/A，必连
TDB+/Z	发送 B	TXD−/B，必连
RDA−/A	接收 A	RXD−，必连
RDB+/B	接收 B	RXD+，必连
GND	地线	不连

由于 4 线制只能实现点对点的通信方式，现很少采用，现多采用的是 2 线制接线方式。这种接线方式为总线式拓扑结构，在同一总线上最多可以挂接 32 个节点。2 线模式信号线如表 4-4 所示。

表 4-4　2 线模式信号线

名称	作用	备注
Data−/B/485−	发送正	必连
Data+/A/485+	接收正	必连
GND	地线	不连
+9V	电源	不连

4.1.3　Modbus

1. Modbus 概述

Modbus 通信协议由 Modicon 公司在 1979 年提出，是全球第一个真正用于工业现场的总线协议。Modbus 通信协议是应用于电子控制器上的一种通用协议，目前已成为一种通用工业标准。通过此协议，控制器之间或者控制器经由网络与其他设备之间可以通信。Modbus 使不同厂商生产的控制设备可以连成工业网络，进行集中控制。Modbus 通信协议定义了一个消息帧结构，并描述了控制器请求访问其他设备的过程，控制器如何响应来自其他设备的请求，以及怎样侦测错误并记录。

Modbus 通信协议发展到今天衍生了多个版本：基于串行链路的版本、基于 TCP/IP 的网络版本、基于其他互联网协议的网络版本，其中前两者的实际应用场景较多。

基于串行链路的 Modbus 通信协议有两种传输模式，分别是 Modbus RTU 和 Modbus ASCII，这两种模式在数值数据表示和协议细节方面略有不同。Modbus RTU 是一种紧凑的、采用二进制数据表示的方式，而 Modbus ASCII 的表示方式更加冗余。在数据校验方面，Modbus RTU 采用循环冗余校验方式，而 Modbus ASCII 采用纵向冗余校验方式。所以配置为 Modbus RTU 模式的节点无法与 Modbus ASCII 模式的节点通信。

2. Modbus 通信的请求与响应

Modbus 是一种单主/多从的通信协议，即在同一时间段内总线上只能有一个主设备，但可以有一个或多个（最多247个）从设备。主设备是指发起通信的设备，从设备是接收请求并做出响应的设备。在 Modbus 网络中，通信总是由主设备发起，而从设备没有接收到来自主设备的请求时不会主动发送数据。Modbus 通信的请求与响应模型如图 4-6 所示。

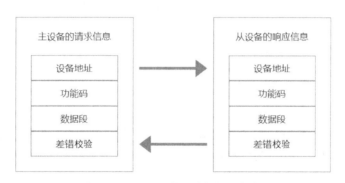

图 4-6　Modbus 通信的请求与响应模型

主设备发送的请求报文如图 4-7 所示。

设备地址	功能码	数据段	差错校验

图 4-7　主设备发送的请求报文

这几个字段的内容与作用如下。

设备地址：被选中的从设备地址。

功能码：告知被选中的从设备要执行何种功能。功能码如表 4-5 所示。

表 4-5　功能码

功能码	功能码名称	位/字操作	操作数量
01（0×01）	读线圈状态	位操作	单个或多个
02（0×02）	读离散输入状态	位操作	单个或多个
03（0×03）	读保持寄存器	字操作	单个或多个
04（0×04）	读输入寄存器	字操作	单个或多个
05（0×05）	写单个线圈	位操作	单个

续表

功能码	功能码名称	位/字操作	操作数量
06（0×06）	写单个保持寄存器	字操作	单个
15（0×0F）	写多个线圈	位操作	多个
16（0×10）	写多个保持寄存器	字操作	多个

数据段：包含从设备要执行功能的附加信息。例如，功能码"03"要求从设备读保持寄存器并响应寄存器的内容，则数据段必须包含要求从设备读取寄存器的起始地址及数量。

差错校验：为从设备提供一种数据校验方法，以保证信息内容的完整性。在基于串行链路的Modbus通信中，ASCII模式和RTU模式使用了不同的差错校验。其中，ASCII模式使用LRC校验，RTU模式使用CRC校验。

从设备的响应信息也包含设备地址、功能码、数据段和差错校验。其中设备地址为本机地址，数据段包含从设备采集的数据，如寄存器值或状态。正常响应时，响应功能码与请求信息中的功能码相同；发生异常时，功能码将被修改以指出响应信息是错误的。差错校验允许主设备确认消息内容是否可用。

在Modbus网络中，主设备向从设备发送Modbus请求报文的模式有两种：单播模式与广播模式。

单播模式：主设备寻址单个从设备。主设备向某个从设备发送请求报文，从设备接收并处理完毕后向主设备返回一个响应报文。

广播模式：主设备向Modbus网络中的所有从设备发送请求报文，从设备接收并处理完毕后不要求返回响应报文。

3. Modbus 寄存器

寄存器是Modbus通信协议的一个重要组成部分，它用于存放数据。根据存放的数据类型及其读写特性，Modbus寄存器类型可分为如表4-6所示4种。Modbus寄存器的地址分配如表4-7所示。

表4-6 Modbus 寄存器类型

寄存器类型	特性说明	实际应用
线圈状态（Coil Status）	输出端口（可读可写），相当于PLC的DO	灯输出、电磁阀输出等
离散输入状态（Input Status）	输入端口（只读），相当于PLC的DI	接近开关、行程开关等
保持寄存器（Holding Register）	输出参数或保持参数(可读可写)，相当于PLC的AO	模拟量输出设定值、运行参数等
输入寄存器（Input Register）	输入参数（只读），相当于PLC的AI	模拟量输入值

表4-7 Modbus 寄存器的地址分配

寄存器类型	寄存器PLC地址	寄存器Modbus协议地址	位/字操作
线圈状态	00001～09999	0000H～FFFFH	位操作
离散输入状态	10001～19999	0000H～FFFFH	位操作
保持寄存器	40001～49999	0000H～FFFFH	字操作
输入寄存器	30001～39999	0000H～FFFFH	字操作

4. Modbus 功能码

Modbus 功能码是 Modbus 消息帧的一部分，它代表将要执行的动作。以 RTU 模式为例，RTU 消息帧的 Modbus 功能码占用一个字节，取值范围为 1～127。

Modbus 标准规定了 3 类 Modbus 功能码：公共功能码、用户自定义功能码和保留功能码。

公共功能码是经过 Modbus 协会确认的、被明确定义的功能码，具有唯一性。常见公共功能码如表 4-8 所示。

表 4-8 常见公共功能码

功能码	功能码名称	位/字操作	操作数量
01（0×01）	读线圈状态	位操作	单个或多个
02（0×02）	读离散输入状态	位操作	单个或多个
03（0×03）	读保持寄存器	字操作	单个或多个
04（0×04）	读输入寄存器	字操作	单个或多个
05（0×05）	写单个线圈	位操作	单个
06（0×06）	写单个保持寄存器	字操作	单个
15（0×0F）	写多个线圈	位操作	多个
16（0×10）	写多个保持寄存器	字操作	多个

5. Modbus TCP

Modbus TCP 使用 TCP/IP 和以太网在站点间传送 Modbus 报文，Modbus TCP 通信报文被封装在以太网 TCP/IP 数据包中。与传统的串口方式类似，Modbus TCP 插入一个标准的 Modbus 报文到 TCP 报文中，不再带有数据校验和地址。简单地理解 Modbus TCP 的内容，就是去掉了 Modbus 协议本身的 CRC 校验，增加了 MBAP 报文头。TCP 上的 Modbus 的数据帧结构如图 4-8 所示。

图 4-8 TCP 上的 Modbus 的数据帧结构

Modbus TCP 数据帧包含报文头、功能码和数据 3 部分。MBAP 报文头（MBAP，即 Modbus Application Protocol，Modbus 应用协议）分 4 个域，共 7 个字节，如表 4-9 所示。

表 4-9 MBAP 报文头

域	长度	描述
事务元标识符	2 个字节	Modbus 请求/响应事务处理的识别码，可以理解为报文的序列号，一般每次通信之后就要加 1 以区别不同的通信数据报文
协议标识符	2 个字节	00 00 表示 Modbus 协议
长度	2 个字节	表示接下来的数据长度，包括单元标识符和数据域，单位为字节
单元标识符	1 个字节	串行链路或其他总线上连接的远程从站的识别码

针对数据域，Modbus TCP 与串行链路 Modbus 的数据域是一致的。

4.2 Wi-Fi 通信协议

4.2.1 无线通信

无线通信（Wireless Communication）是指多个节点间不经由导体或缆线进行的传输通信，它是利用电磁波信号可以在自由空间中传播的特性进行信息交换的一种通信方式。近些年的信息通信领域中，无线通信技术是发展最快、应用最广的。

无线通信主要包括微波通信和卫星通信。微波是一种无线电波，它传送的距离一般只有几十千米，微波通信每隔几十千米要建一个微波中继站。但微波的频带很宽，通信容量很大。卫星通信是利用通信卫星作为中继站，在地面上两个或多个地球站之间或移动体之间建立微波通信联系。

1. 无线通信原理

与有线通信相比，无线通信更为灵活。在发射设备端，信号源提供需要传送的信息，经过变换器将待传送的信息与电信号进行转换。电信号经由发射机转换成高频振荡信号并到达天线，然后天线将信号作为一系列电磁波发射到空气中。信号通过空气传播，直到它到达目标位置。在接收设备端，另一个天线接收信号，接收机将高频振荡信号转换成电信号，再经变换器形成原始信息到达最终的收信人。无线通信原理如图 4-9 所示。

图 4-9　无线通信原理

2. 无线通信技术

目前，主流的无线通信技术主要包括蓝牙、Wi-Fi、ZigBee、LoRa 等。

（1）蓝牙。

蓝牙是一种无线通信模块。它是一种无线技术标准，可以实现固定终端设备、移动终端设备和个人局域网之间的短距离数据交换。它使用 2.4 ~ 2.485GHz UHF 无线电波 ISM。蓝牙无线技术复杂度高，设备组网速度快（仅需 10s）；集成度和可靠性高；传输速率一般为 1Mbit/s；成本低，安装相对简单。它是一种近距离无线通信技术。

（2）Wi-Fi。

Wi-Fi 无线技术已经遍布我们生活中的方方面面，是我们每天接触到的最常见的无线通信技术，给我们的生活带来了极大的便利。它是基于 IEEE 802.11 标准创建的无线局域网技术。该技术将所有有线网络信号转换成无线电波信号，其他终端设备通过无线通信模块连接到 Wi-Fi，实现无线网络通信。Wi-Fi 覆盖范围一般在 100m 以内，技术较为复杂，传输速率可达 54Mbit/s，工作频段为 2.4GHz，传输功率不足 100MW。与蓝牙无线通信相比，Wi-Fi 技术的数据安全性能相对较差。但是，Wi-Fi 的发明非常符合现代人和社会的需求，发展前景非常广阔。

（3）ZigBee。

ZigBee 无线通信技术是一种基于 IEEE 802.15.4 标准的低功耗局域网协议。ZigBee 无线通信技术类似于蓝牙通信技术。两者都是短距离无线通信技术，但蓝牙无线通信技术存在功耗高、复杂度高、通信距离短等缺点，应用范围有限，在家庭和个人范围内广泛应用。ZigBee技术是为了满足工业自动化的需要而发展起来的，具有布局简单、抗干扰能力强、传输可靠、使用方便、成本低等特点。其通信距离可延长到10m，在室内场景中可以达到50m左右。

（4）LoRa。

LoRa就是远距离无线电（Long Range Radio），是Semtech公司创建的低功耗局域网无线标准。它的最大特点就是在同样的功耗条件下比其他无线方式传播的距离更远，实现了低功耗和远距离的统一，它的通信距离在同样的功耗下比传统的无线射频通信距离大3～5倍。LoRa可广泛应用于各种场合的远距离低速率物联网无线通信领域，比如自动抄表、楼宇自动化设备、无线安防系统、工业监视与控制等，具有体积小、功耗低、传输距离远、抗干扰能力强等特点。

4.2.2 工业无线技术应用

德国"工业4.0研发白皮书"及"工业4.0实施战略及参考架构"都将无线技术作为工业4.0网络通信技术研究和创新中的重要组成部分，其中Wi-Fi、NFC、ZigBee、2G/3G/4G、LoRa等无线技术成为连接传输层的重要技术。

目前，无线技术凭借着部署容易、建设成本低、适用环境广泛等优势，逐渐成为未来工业互联网中网络发展及应用的重要方向。

随着计算机网络技术、无线技术以及智能传感器技术的相互渗透、结合，产生了基于无线技术的网络化智能传感器的全新概念。这种基于无线技术的网络化智能传感器，使得工业现场的数据能够通过无线链路直接在网络上传输、发布和共享。无线通信技术能够在工厂环境下，为各种智能现场设备、移动机器人以及各种自动化设备之间的通信提供高带宽的无线数据链路和灵活的网络拓扑结构，在一些特殊环境下有效地弥补了有线网络的不足，进一步完善了工业控制网络的通信性能。

4.2.3 Wi-Fi技术简介

Wi-Fi（Wireless Fidelity，无线保真）在无线局域网中是指"无线相容性认证"，实质上是一种商业认证，同时也是一种无线联网技术。与蓝牙技术一样，Wi-Fi也属于短距离无线技术。同蓝牙技术相比，它具有更高的传输速率、更远的传输距离，可广泛应用在各种场合之中。

1. Wi-Fi的前身

Wi-Fi是无线局域网（WLAN）的一个标准，最早的无线局域网可以追溯到20世纪70年代，基于ALOHA协议的UHF无线网络连接了夏威夷岛，是现在无线局域网的一个最初版本。随后1985年美国联邦通信委员会制定了现在广泛使用的免费Wi-Fi，和我们的微波炉相同。1991年NCR公司和AT&T公司发明了现在广泛使用的Wi-Fi的标准IEEE 802.11的前身，常用在收银系统，名字为WaveLAN。1997年发布了基于802.11协议的第一个版本，提供2Mbit/s的速率，在1999年提高到11Mbit/s，使用价值大大提高，随后Wi-Fi得以快速发展。

2. Wi-Fi的标准和速率

主流的Wi-Fi标准是802.11b（1999）、802.11g（2003）、802.11n（2009）、802.11ac（2013）

和 802.11ax（2017）。它们之间是向下兼容的，旧协议的设备可以连接到新协议的 AP，新协议的设备也可以连接到旧协议的 AP，只是速率会降低。11g、11b 都是较早的标准，11b 最快只能到 11Mbit/s，11g 最快能达到 54Mbit/s。802.11n 的速率理论上最快可以达到 600Mbit/s，802.11ac 理论上最快可以达到 6.9Gbit/s。802.11ax 理论上的最大速率为 10Gbit/s，单用户速率提高不多，它的优势是在多用户、高并发场合提高传输效率。以上速率是理论上的物理层传输速率，必须满足最大传输频道带宽下发射、接收都达到最大空间流数（多天线输入、输出），这个条件一般情况达不到。另外，Wi-Fi 的速率是包含上、下行的，就是上、下行加起来的速率，这和有线全双工以太网还是有区别的。

3. Wi-Fi 的组网结构

Wi-Fi 有两种组网结构：一对多（Infrastructure 模式）和点对点（Ad-hoc 模式，也叫 IBSS 模式）。最常用的 Wi-Fi 是一对多结构。一个 AP 和多个接入设备，无线路由器就是路由器+AP（一对多结构）。Wi-Fi 还可以采用点对点结构，比如，两台笔记本电脑可以用 Wi-Fi 直接连接而不经过无线路由器。

4. Wi-Fi 的频道

2.4GHz 的 Wi-Fi 划分为 14 个频道，每个频道带宽为 20～22MHz，不同的调制方式带宽稍微不同。每个频道的间隔为 5MHz，很明显，相邻的多个频道是有干扰的，相互没有干扰的只有 1、6、11、14，这也是为什么在有多个 Wi-Fi 热点的地方会上不了网或者网速非常慢。现在无线路由器都有手动设置频道的功能，如果在家使用无线路由器，最好设置到一个和附近的其他 Wi-Fi 信号不同的且间隔比较远的频道。Wi-Fi 频道如图 4-10 所示。

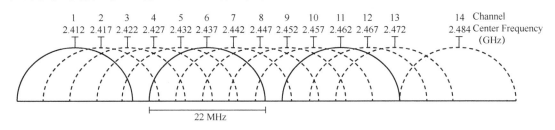

图 4-10　Wi-Fi 频道

5. Wi-Fi 的安全性

常用的 Wi-Fi 加密方式有 WEP、WPA、WPA2。WEP 安全性太差，基本上被淘汰了。目前 WPA2 被业界认为是最安全的加密方式。WPA 加密是 WEP 加密的改进版，包含两种方式：预共享密钥（PSK）和 Radius 密钥。其中预共享密钥有两种密码方式：TKIP 和 AES。相比 TKIP，AES 具有更好的安全系数，建议优先选用 WPA2-PSK AES 模式。WPA/WPA2 加 Radius 密钥是一种十分安全的加密类型，不过由于此加密类型需要安装 Radius 服务器，一般用户不会用到。

4.3　LoRa 通信协议

4.3.1　LoRa 简介

LoRa 是一种基于扩频技术的远距离无线传输技术，是 LPWAN 通信技术中的一种，最早由美国 Semtech 公司采用和推广。这一方案为用户提供了一种简单的能实现远距离、低功耗的无线通信手段，实现了低功耗和远距离的统一，它的通信距离在同样的功耗下比传统的无线射频通信距离大 3 ~ 5 倍。目前，LoRa 主要在 ISM 频段运行，主要包括 433MHz、868MHz、915MHz 等。

LoRa 是物理层或无线调制用于建立长距离的通信链路。许多传统的无线系统使用频移键控（FSK）调制作为物理层，因为它是一种非常有效地实现低功耗的调制。LoRa 是基于线性调频扩频调制，它保持了与频移键控调制相同的低功耗特性，但明显地增加了通信距离。线性扩频由于可以实现长通信距离和干扰的稳健性，已在军事和空间通信领域使用了数十年，但是 LoRa 是第一个用于商业用途的低成本实现。

LoRa 的技术优势在于长距离通信的能力。单个网关或基站可以覆盖整个城市或数百平方千米范围。在一个给定的位置，距离在很大程度上取决于环境或障碍物，但 LoRa 和 LoRaWAN 有一个链路预算优于其他任何标准化的通信技术。链路预算，通常用分贝（dB 为单位）表示，是在给定的环境中决定距离的主要因素。

4.3.2　LoRa 技术应用

随着智慧城市的全面部署以及城市智能化、感知与互联的发展需求，城市中越来越多的碎片化终端设备需要低功耗、长距离传输以接入网络。以 LoRa 为代表的低功耗、远距离网络技术的出现，将有机会打破物联网在互联方面的瓶颈，促进物联网端对端的成本大幅下降，"引爆"物联网的大规模应用。

1.　智慧建筑

对于建筑的改造，加入温湿度、安全、有害气体、水流监测等传感器并且定时将监测的信息上传，方便了管理者的监管，更方便了用户。通常来说，这些传感器的通信不需要特别频繁或者保证特别好的服务质量，便携式的家庭式网关便可以满足需要，所以该场景 LoRa 是比较合适的选择。

2.　智慧工业

在自动化工业生产环境中，大量的智能技术得到应用，各种信息数据在网络中进行交汇，因此所选网络的特性直接关乎生产计划的执行质量。一些场景需要低成本的传感器配以低功耗和长寿命的电池来追踪设备、监控状态，这时 LoRa 便是合理的选择。

3.　智慧水务

智慧水务通过数采仪、无线网络、水质水压表等在线监测设备可实时感知城市供排水系统的运行状态，采用可视化的方式有机整合水务管理部门与供排水设施，形成"城市水务物联网"，可将海量水务信息进行及时分析与处理，并做出相应的处理结果以辅助决策建议，以更加精细和动态的方式管理水务系统的整个生产、管理和服务流程，从而达到"智慧"的状态。

4.　智慧物流

物流行业涉及的地域范围非常广阔，因此在选择网络时首选考虑的是低投入与高工作寿命。为了能够跟踪卡板以及确定货物的位置与状态，货运公司需要的是参与整个物流过程的设施均处于网络覆盖下，那么不仅要求网络节点足够经济性以便于大范围铺设，而且拥有机动性使其可以安装在运输工具上作为一个移动网关。LoRa 低成本、高电池寿命、高机动性，以及在高速移动时通信的稳定性使得其能够在智能物流领域广泛发展。

4.3.3　LoRaWAN

LoRa 模组仅能实现 LoRa 设备间的无线数据传输，使用 LoRa 技术进行组网，需要一个组网协议，LoRaWAN 就是这样的一个组网协议。

1. LoRaWAN 简介

LoRaWAN 是为 LoRa 设计的一套通信协议和系统架构，它是在 LoRa 物理层传输技术基础之上的以媒体访问控制（MAC）层为主的一套协议标准。其对应产品包括 LoRaWAN 节点、LoRaWAN 网关、LoRaWAN 的协议和数据云平台。

2. LoRaWAN 与 LoRa 的区别

LoRa 是低功耗广域网通信技术中的一种，是 Semtech 公司专有的一种基于扩频技术的远距离无线传输技术。LoRaWAN 是为 LoRa 设计的一套通信协议和系统架构，它是一种 MAC 层协议。虽然现有的 LoRaWAN 组网基本上都使用 LoRa 作为物理层，但是 LoRaWAN 的协议也列出了在某些频段也可以使用 GFSK 作为物理层。从网络分层的角度来讲，LoRaWAN 可以使用任何物理层的协议，LoRa 也可以作为其他组网技术的物理层。LoRa 网络分层如图 4-11 所示。

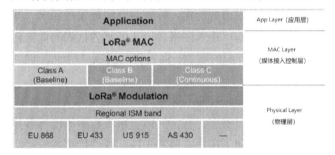

图 4-11　LoRa 网络分层

3. LoRaWAN 网络架构

LoRaWAN 网络架构中包含终端节点、基站/网点、网络服务器、应用服务器这 4 个部分。基站和终端之间采用星型网络拓扑，由于 LoRa 的长距离特性，它们之间得以使用单跳传输。终端节点可以同时发给多个基站。基站则对网络服务器和终端节点之间的 LoRaWAN 数据做转发处理，将 LoRaWAN 数据分别承载在了 LoRa 射频传输和 TCP/IP 上。LoRaWAN 网络架构如图 4-12 所示。

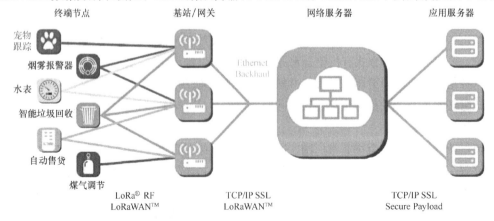

图 4-12　LoRaWAN 网络架构

4. LoRaWAN 网络协议的安全性

LoRaWAN 网络采用基于 IEEE 802.15.4 的 AES-128 加密算法实现网络安全。LoRaWAN 引入网络会话密钥（Network Session Key）、应用会话密钥（Application Session Key），用于增加安全性。

LoRaWAN 网络的加密和解密是从节点设备开始的。节点设备对数据进行加密，然后将数据发送给网关。网关把收到的节点数据转发给网络服务器，网络服务器将收到的数据用网络会话密钥解密，最后发给应用服务器，应用服务器应用会话密钥对数据进行解密就得到了明文数据。

5. LoRaWAN 网络的节点设备类型

终端设备服务不同的应用，有不同的要求。为优化各种终端应用规范，LoRaWAN 使用了不同的设备类别，分别为 ClassA、ClassB 和 ClassC。

（1）ClassA。

ClassA 节点设备具有双向通信、单播消息的功能，但是消息有效载荷短，且通信时间间隔长。通信必须由 ClassA 节点发起，也就是主动上报（Uplink）数据。服务器和 ClassA 节点的通信只能在事先约定好的响应窗的时间内进行，也就是服务器数据下发（Downlink）只能在打开响应窗 1 或响应窗 2 的时间内进行，ClassA 通信时序如图 4-13 所示。ClassA 节点平时处于休眠模式，当它需要工作的时候才会发送数据包，所以功耗比较低；但是实时性较差，间隔一段时间才能下行通信。

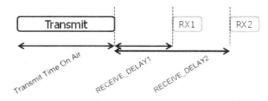

图 4-13 ClassA 通信时序

（2）ClassB。

ClassB 节点设备具有双向通信、单播消息、多播消息的功能，同样也有消息有效载荷短，且通信时间间隔长的缺点。需要注意的是，ClassB 节点设备的双向通信是在预定的接收槽（Slot）内进行的。网关发出周期性信标给 ClassB 节点，所以 ClassB 节点还有一个额外的接收窗口（PingSlot）。服务器可以在固定的间隔内下发数据至 ClassB 节点。ClassB 通信时序如图 4-14 所示。当需要 ClassB 节点响应实时性问题的时候，首先网关会发送一个信标，告诉节点要加快通信，快速工作。节点收到信标之后，会在 128s 内打开多个事件窗口，每个窗口开放 3 ~ 160ms，在 128s 内可以实时对节点进行监控。

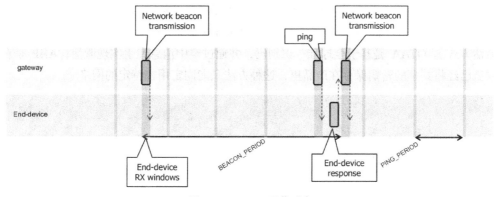

图 4-14 ClassB 通信时序

（3）ClassC。

ClassC 节点设备具有双向通信、单播消息、多播消息的功能，但也有消息有效载荷短的缺点。

服务器可以在任意时域下发送数据到 ClassC 节点，ClassC 节点持续不断地处于接收状态。ClassC 通信时序如图 4-15 所示。ClassC 节点在不发送数据的情况下，节点一直打开接收窗口，既保证了实时性，也保证了数据的收发，但是功耗非常高。

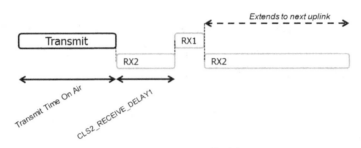

图 4-15　ClassC 通信时序

6. LoRaWAN 的终端设备激活

终端设备要想在 LoRaWAN 网络上通信，那它就必须先被激活。激活需要用到设备地址、网络会话密钥、应用会话密钥，在 LoRaWAN 网络中的不同节点允许网络使用正确的密钥并准确地解析数据。

（1）设备地址（DevAddr）。

设备地址在 LoRaWAN 网络中是 32 位唯一标识，并体现在各个数据框架上。终端设备、网络服务器、应用服务器都可以使用设备地址进行相关操作。

（2）网络会话密钥（NwkSKey）。

网络会话密钥是 128 位的 AES 加密密钥，每个终端设备在 LoRaWAN 网络中具有唯一性。网络会话密钥为终端设备和网络服务器所共用。它保障了网络通信过程中的消息一致性，并为终端设备和网络服务器的通信提供安全保障。

（3）应用会话密钥（AppSKey）。

应用会话密钥是 128 位的 AES 加密密钥，每个终端设备在 LoRaWAN 网络中具有唯一性。应用会话密钥为终端设备和应用服务器所共用。它被用来加密和解密应用数据消息，为应用有效载荷提供安全保障。

设备地址、网络会话密钥、应用会话密钥信息可以通过两种方法在网络中实现互换。这两种方法分别是 OTAA（Over the Air Activation，空中激活方式）和 ABP（Activation By Personalization，独立激活方式）。OTAA 是基于全球唯一识别码，并通过空中消息握手实现激活；ABP 是在生产的时候就已经将共享的密钥保存在产品里，这种方法只能固定用在特定的网络。

下 篇

项目实训

本书下篇主要以项目任务的形式，结合工业数据采集与边缘服务（中级）的职业技能要求，使读者通过练习和实训，巩固工业数据采集与边缘服务的理论知识，掌握相关的技术技能。第5章中，任务一实现智能网关、温湿度传感器、智能电表、生产车间工作站的 Modbus 数据采集；任务二实现 RS-485 转 Wi-Fi 模块、AP 管理器、无线 AP、物流工作站的 Wi-Fi 数据采集；任务三实现 LoRa 终端、LoRa 网关、PLC、能耗工作站的 LoRa 数据采集。第6章通过边缘服务通信服务开发部署，实现边缘服务基于 Modbus TCP、MQTT 等通信协议的解析开发，数据采集。第7章通过边缘服务数据存储服务开发部署，将边缘服务采集的数据存储到 MySQL 数据库。第8章通过边缘服务接口服务部署应用，介绍边缘服务的接口规范。

第5章
边缘侧数据采集

某制造工厂为实现生产监控系统的升级改造，需要采集各类设备数据。项目前期已经完成了全厂网络的规划、连接，现需要针对不同的应用场景搭建一个基于智能网关、Wi-Fi 网关和 LoRa 网关的数据采集系统，并实现以下功能。

- 使用智能网关模块实现生产车间数据采集，采集的数据包括设备安全状态、设备运行状态、设备运行时间、计划产量和实际产量等。
- 使用智能网关模块实现仓储数据采集，采集的数据包括仓库消防数据和智能出入库数据等。
- 使用智能网关模块实现环境监测数据采集，采集的数据包括温度、湿度等。
- 使用 Wi-Fi 网关模块实现物流小车数据采集，采集的数据包括物流小车的电池电量、状态、行程和速度等。
- 使用 LoRa 网关模块实现能耗数据采集，采集的数据包括用水量、用电量、用气量以及二氧化碳排放量等。

5.1　任务一　生产车间数据采集

基于智能网关的通信配置，主要是对智能网关进行通信参数配置。研华智能网关可使用 EdgeLink Studio 软件进行参数配置。通过通信参数配置，进行网络连接，实现智能网关的数据采集传输。

5.1.1　场景说明

生产车间是实现智能制造的重要载体，通过对生产线设备监控、生产信息统计、数据采集等支持生产管理科学决策。通过 3D 仿真，还原生产车间的生产制造过程，并在可视化看板上实时显示生产信息等关键数据。

3D 仿真启动步骤如下。

（1）插入"PLC3D 工业仿真 Key"，解压并运行 U 盘资料"05_3D 场景\PLC3D 工业仿真 v2021.04.9"下的"PLC3D 工业仿真.exe"，如图 5-1 所示。

（2）打开并运行 U 盘资料"\05_3D 场景\3D 智能生产车间"下的"3D 智能生产车间.exe"，如图 5-2 所示。

图 5-1　PLC3D 工业仿真

图 5-2　3D 智能生产车间

（3）单击"播放"按钮，仿真开始，如图 5-3 所示。

图 5-3　仿真开始

（4）可在 3D 智能生产车间场景下通过 CNC 看板对生产过程的数据进行监视。生产数据监视如图 5-4 所示。

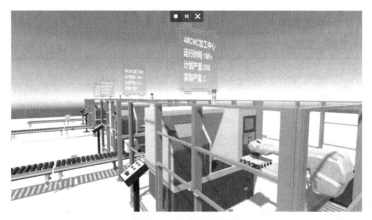

图 5-4　生产数据监视

5.1.2 实训要求

通过本实训课程让学生：
➢ 熟悉传感检测器件类型以及通信方式；
➢ 掌握工业网关软硬件结构与功能应用操作；
➢ 掌握传感器数据类型以及数据处理方式；
➢ 掌握智能网关的配置方法。

5.1.3 实训目标

本任务用智能网关设备采集工业现场传感器、车间以及仪器仪表数据。重点学习传感器数据检测、存储与数据寄存器类别，网关工程创建步骤，仪表设备、通信参数配置方式，并且掌握基本的采集数据线性计算方式。

5.1.4 实训器材

实训器材如表 5-1 所示。

表 5-1 实训器材

序号	名称	数量
1	计算机（Windows 7、Windows 10 操作系统）	1 台
2	智能网关（ECU-1251）	1 个
3	温湿度传感器	1 个
4	智能电表	1 个
5	生产车间工作站	1 个
6	RS-485 转 RS-232 无源转换器	1 个
7	RS-232 转 USB 线	1 根
8	工具（工具包、线缆、万用表）	若干

5.1.5 理论基础

1. 智能网关

智能网关作为工业物联网的核心通信设备，其核心的亮点在于：它解决了绝大多数工厂及生产设备在多协议通信上的困扰，可为工业物联网的实现提供强有力的网络通信支持。工业物联网的智能网关实现的功能是将各类传感器、执行器与模拟量、数字量 I/O 模块组成一个局部无线网络，通过以太网或无线网络接口将该局部网络架设到工业物联网云平台，实现设备间、生产线间及工厂间组网。

ECU-1251 是研华推出的一款基于 RISC 架构的智能无线工业网关。它具备开放且稳健的平台设计，支持以太网有线通信及 Wi-Fi/3G/GPRS/4G 无线通信方式，兼容多种工业标准通信协议，如 Modbus 及 IEC-60870，并且可与 WebAccess 上层软件有效整合，令 ECU-1251 更适合在工业、能源物联网相关分布式监测领域进行应用。研华 ECU-1251 实物及其端口定义如图 5-5 所示。

如果现场站点中有一个或多个 ECU-1251，则用户需要使用软件进行集成配置和远程管理。为解决这个问题，研华公司提供 EdgeLink Studio 软件对单个或多个智能网关进行集成平台化管理。EdgeLink Studio 可以在 Windows 7/ Windows 10 系统中操作，主要功能包括提供离线项目配置接口，并基于可调节点远程部署配置；易于配置具有实际意义的项目标记，并易于映射这些标记

图 5-5　研华 ECU-1251 实物
及其端口定义

COM1~4

PIN	RS-232	RS-485
1	Rx	Data+
2	Tx	Data-
3	GND	GND

提供的 Modbus 和 DNP3 服务。在网络通信方面，用户可以通过 EdgeLink Studio 完成以太网的设置，同时支持 GPRS 和 3G/4G 无线网络通信。ECU-1251 提供 Modbus RTU、Modbus TCP 和 DNP3 等。

EdgeLink Studio 支持远程监控通信状态串行端口和以太网端口。研华 EdgeLink Studio 软件如图 5-6 所示。

2. 温湿度传感器

温湿度传感器广泛应用在工业现场测控、暖通空调地、楼宇、机房、档案馆、温室大棚、超市、生产车间、仓库、工地、温湿度监测、监控系统等各种温湿度测量场所。本系统采用的 TXBS-3001-TH 温湿度传感器如图 5-7 所示。

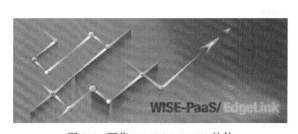

图 5-6　研华 EdgeLink Studio 软件

图 5-7　TXBS-3001-TH 温湿度传感器

TXBS-3001-TH 型号传感器采用高灵敏度数字探头，温湿度内置显示屏，数据直接显示。具备 RS-485 信号输出，温度范围为 -40~80℃；湿度范围为 0~100%RH；温度分辨率为 0.1℃；湿度分辨率为 0.1%RH；在通信过程中支持从机单接（见图 5-8）与从机多接（见图 5-9）两种数据采集设备连接方式（理论上一条总线可以接 16 个以上的 RS-485 传感器）。

采用 Modbus RTU 通信协议进行主从站之间的通信传输，寄存器地址如表 5-2 所示。

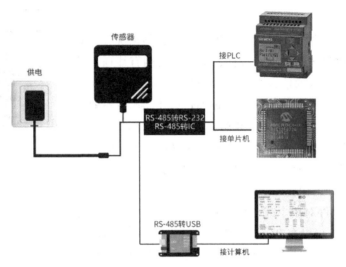

图 5-8　从机单接

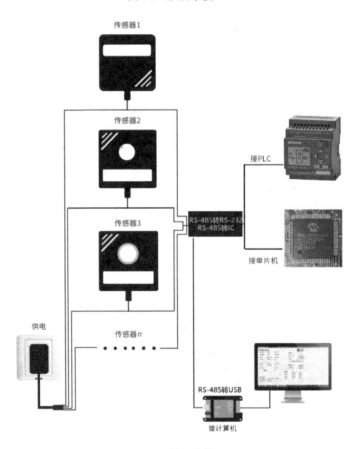

图 5-9　从机多接

表 5-2　寄存器地址

寄存器地址	映射地址	内容	操作
0000H	40001	湿度（精度为 0.1%RH）	只读
0001H	40002	温度（精度为 0.1℃）	只读

安装：温湿度传感器采用壁挂式安装，先将传感器放置在工位上，将固定孔与工位孔对齐，然后将螺钉通过固定孔与工位进行固定。

接线：TXBS-3001-TH 温湿度传感器引出线为四芯线，由电源线与信号线组成，线色表示功能：棕色（电源 24V+），黑色（电源 24V−），黄色（485-A），蓝色（485-B）。

注意：线序不要接错，错误的接线会导致设备烧毁。

3. 智能电表

DDSU666 是一款单相 485 导轨电能表。电表额定电压为 220V，频率为 50Hz，额定电流为 80A，LED 显示，可显示总有功功率、总无功功率、电流、电压、功率、功率因数；带有 RS-485 通信接口，并且能够通过其红外通信接口用计算机实现近距离抄录表内电能数据，可以通过 Modbus RTU 组成远程抄表，编码格式、校验和数据传输方式符合 DL/645-2007 和 Modbus RTU 标准要求。出厂默认 9600bit/s；无校验，单元地址为 1；远程拉合闸功能；用户用电实施管理。

Modbus RTU 通信协议描述如下。

（1）数据格式。

数据格式如下。

地址+功能码+数据位+检验位。

（2）读取电表参数举例。

智能电表采集相应的电压、电流、总功率因数、电网频率等检测数据，并将相应检测数据存储在内部寄存器，通过 Modbus 通信协议进行检测数据传输。智能电表内部存储数据如表 5-3 所示。

表 5-3　智能电表内部存储数据

数据内存	详细说明
2000H	电压
2002H	电流
200AH	总功率因数
200EH	电网频率

5.1.6　实训准备

1. EdgeLink Studio 软件安装

EdgeLink Studio 是研华开发的一套实现工程及研华智能网关的配置和管理软件。它是一个轻量级网关软件，可实现的具体功能如下。

● 能够以离线的方式进行工程及设备信息配置，以 NodeID 为单元识别，可批次下载到设备中。

● 可以建立具备工程意义的 I/O 点和本地点，并支持 Modbus 及 DNP3 服务器两种方式实现 Tag 点与地址的映射。

● 可以设定板载 I/O 和扩展 I/O 每个通道的输入或输出范围，并支持 AI 校准。

● 可以完成以太网、Wi-Fi、4G、5G、GPRS 信息设定操作实现网络通信。

● 提供 Modbus RTU、Modbus TCP、WASCADA、IEC-104 及 DNP3 服务器等协议服务，用

户可根据自身需要选择协议服务器。

● 支持远程串口及网口通信状态监测。

详细的操作步骤如下。

步骤 1：打开"U 盘资料"，在"03_软件安装包\1.SetupEdgeLinkStudio"下，双击"SetupEdge LinkStudio_2.6.2.911_Release_2009114_v2.6.2_r1.exe"可安装程序。

步骤 2：选择安装时使用语言"中文（简体）"，并单击"确定"按钮，如图 5-10 所示。

步骤 3：选择是否接受许可协议，选中"我接受协议"，并单击"下一步"按钮，如图 5-11 所示。

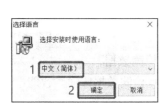

图 5-10　语言选择　　　　　　　　　　　　　　　　图 5-11　接受协议

步骤 4：选择安装路径，默认为 C 盘 Program Files(x86)文件夹下，单击"下一步"按钮，如图 5-12 所示。

步骤 5：选择在"开始"菜单下创建的文件夹名称，默认为 Advantech\EdgeLink Studio，单击"下一步"按钮，如图 5-13 所示。

图 5-12　安装位置　　　　　　　　　　　　　　　　图 5-13　创建的文件夹名称

步骤 6：选择是否创建桌面快捷方式，选中并单击"下一步"按钮，如图 5-14 所示。

步骤 7：安装准备完毕，单击"安装"按钮，等待软件自动安装，如图 5-15 所示。

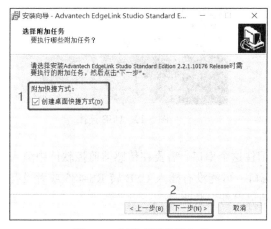

图 5-14　创建桌面快捷方式

图 5-15　安装准备完毕

步骤 8：自动安装完成，选中"运行 Advantech EdgeLink Studio"，单击"结束"按钮，如图 5-16 所示。

步骤 9：安装完成后即可看到软件主界面，如图 5-17 所示。

图 5-16　自动安装完成

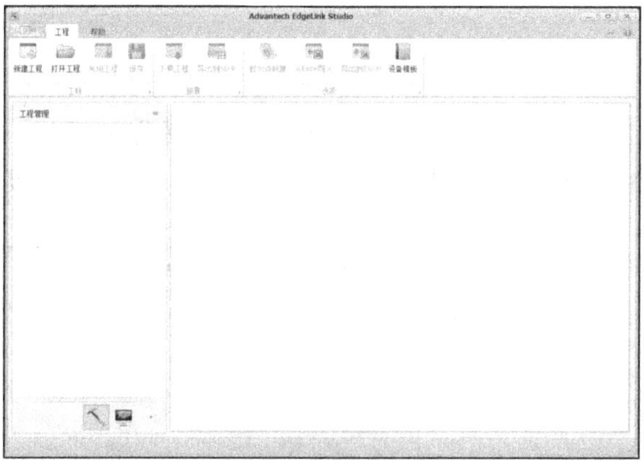

图 5-17　软件主界面

2．温湿度传感器数据读取

（1）首先，断电状态下为温湿度传感器进行接线连接，接线说明如表 5-4 所示。

表 5-4　接线说明

温湿度传感器线缆	终端连接
棕色	电源 24V+
黑色	电源 24V−
黄色（485-A）	无源转换器 T/R+
蓝色（485-B）	无源转换器 T/R−

（2）RS-232 转 RS-485 的无源转换器接入 USB 转 RS-232，并将 RS-232 转 USB 线缆插入计算机。串口连接如图 5-18 所示，USB 连接如图 5-19 所示。

（3）将传感器通过转换器正确地连接计算机并供电后，可以在计算机中看到正确的 COM 端口（"我的电脑-属性-设备管理器-端口"里面查看 COM 端口）。

温湿度传感器
数据读取

图 5-18　串口连接

图 5-19　USB 连接

通信端口如图 5-20 所示，串口号为 COM5。请记住这个串口，需要在传感器监控软件中填入这个串口号。如果在设备管理器中没有发现 COM 端口，可能没有插入 USB 转 RS-485 或者没有正确安装驱动（请检查通信连接端口或者通过驱动精灵更新安装驱动）。

图 5-20　通信端口

（4）打开 U 盘资料"02_工具与驱动\03_配置工具\温湿度上位机 3.9(1)"找到"温湿度上位机3.9.exe"配置工具，双击打开该配置工具。温湿度上位机软件如图 5-21 所示。

图 5-21　温湿度上位机软件

"串口号"一栏选择设备管理器识别到端口号（COM5），单击"自动获取当前波特率与地址"按钮，可以自动识别连接的温湿度传感器通信的波特率和设备地址。

在"通信设置"中可以进行温湿度传感器波特率与地址设定，波特率修改需要断电重启后才可以正常使用。设备连接如图 5-22 所示。

（5）数据查看。单击"连接设备"按钮，选中传感器类型为"无其他传感器"，监控软件显示温湿度数据。数据监控如图 5-23 所示。

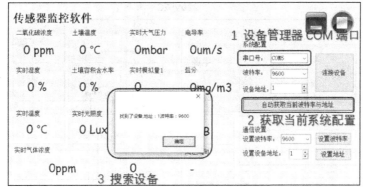

图 5-22　设备连接

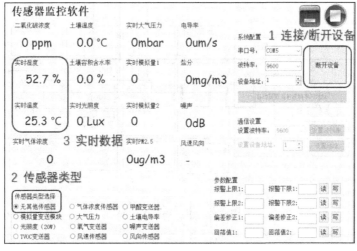

图 5-23　数据监控

（6）程序停止。单击"断开设备"按钮，断开设备连接。单击右上角红色按钮退出监控软件。

5.1.7　实训步骤

1. 硬件设备安装与电气连接

按照图 5-24 所示的电气接线图连接硬件设备，并且将线缆标识应用在关键位置上。

2. 网关工程创建

前文详细介绍了智能网关配置软件 EdgeLink Studio 的安装，下面具体讲述如何使用 EdgeLink Studio 软件配置智能网关。配置网关的主要作用是将网关连接的设备添加到 EdgeLink Studio 软件中，进行网络连接，实现数据网络传输。

智能网关
通信配置

（1）工程创建。

步骤 1：打开软件界面，新建工程。在菜单栏"工程"下，单击"新建工程"按钮，弹出对话框，输入对应的名称、创建人、路径和描述，确定即可。创建成功后会在存放路径下生成以.acproj 为扩展名的文件。工程创建如图 5-25 所示。

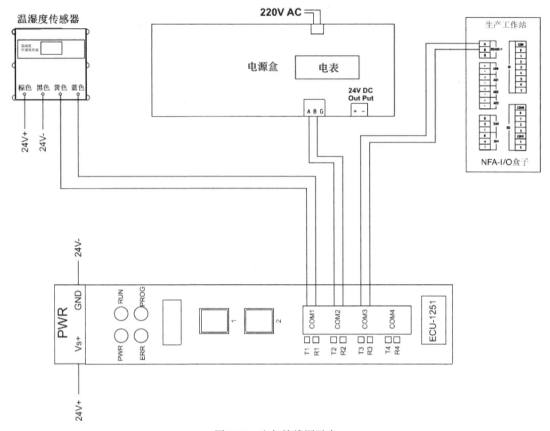

图 5-24　电气接线图示意

图 5-25　工程创建

步骤 2：在"工程管理"属性页下，右键单击"工程"，选择"添加设备"，添加新的设备，如图 5-26 所示。

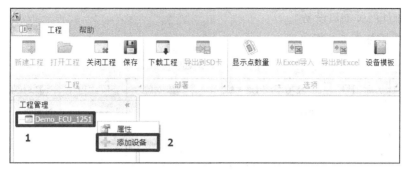

图 5-26　添加设备

在跳转出的"新建节点"属性页下，配置设备基本属性（设备编辑说明见表 5-5），配置完成后单击"应用"按钮，完成设备添加，如图 5-27 所示。

表 5-5　设备编辑说明

序号	配置项	说明
1	名称	设备名称
2	类型	网关型号，这里我们选择 ECU-1251TL-R10A
3	密码	密码设定，默认"00000000"
4	节点识别方式	设备识别方式，分为 NodeID 和 IP 地址，这里我们使用 IP 地址
5	IP 地址	设备识别方式设为 IP 地址时使用，IP 地址根据网络规划设定
6	时区	选择设备所在时区
7	描述	设备描述，选填

设置完成后，左侧工程树型结构如图 5-28 所示。

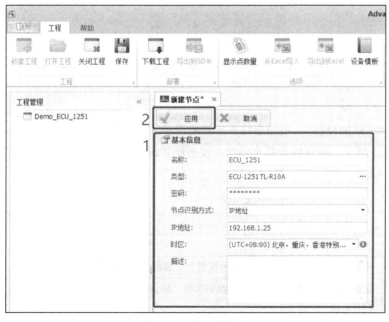

图 5-27　设备编辑

图 5-28　工程树型结构

步骤 3：添加网关端口设备。

设备通信参数如表 5-6 所示。

表 5-6　设备通信参数

设备	串口号	波特率/（bit·s⁻¹）	数据位	停止位	奇偶校验	单元号
温湿度传感器	COM1	9600	8	1	None	1
智能电表	COM2	9600	8	1	None	1
生产车间	COM3	9600	8	1	None	1

ECU-1251 提供 4 个 RS-232/RS-485 串行端口，分别为 COM1 ~ COM4，创建设备时会同时创建 4 个串口且处于不启用状态，新建工程后我们需要对端口进行启用配置。

（2）温湿度传感器添加。

步骤 1：启用 COM1。

在左侧工程树型结构下，依次展开"数据中心-I/O 点"，双击"COM1"串口，勾选"启用"复选框，按照表 5-6 中所示的温湿度传感器通信参数进行串口参数设定，单击"应用"按钮，完成串行端口启用配置。端口启用如图 5-29 所示。

图 5-29　端口启用

步骤 2：添加设备。

右键单击"COM1"，选择"添加设备"，添加串口所连接的设备，如图 5-30 所示。

在跳转出的"新设备"属性页下，配置设备基本属性（设备配置说明见表 5-7），配置完成后单击"应用"按钮，完成设备添加，如图 5-31 所示。

表 5-7　设备配置说明

序号	配置项	说明
1	启用设备	保持默认，勾选"启用设备"
2	名称	根据实际连接设备自定义，这里设置为"温湿度传感器"
3	设备类型	根据连接设备类型选择，这里我们选择"Modicon Modbus Series（Modbus RTU）"
4	单元号	从站地址，根据实际设置，这里设置为"1"

续表

序号	配置项	说明
5	I/O（图中部分为 I/O）点写入方式	设置为"单点写入"
6	描述	设备描述，选填
7	为 I/O 点添加设备名称前缀	默认为勾选，取消勾选。如果勾选，则在该设备下添加 Tag 点时，Tag 点的命名由"设备名称：Tag 点名称"组合而成

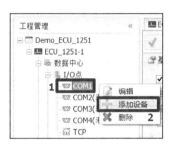

图 5-30　添加端口设备

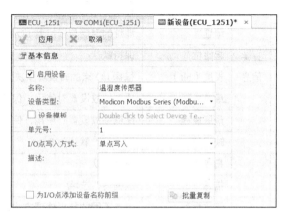

图 5-31　端口设备信息

步骤 3：添加温湿度传感器通信 I/O 点。

双击树型结构中温湿度传感器终端"I/O 点"，进入 I/O 点数据编辑界面。添加 I/O 点如图 5-32 所示。

图 5-32　添加 I/O 点

单击"添加"按钮，为温湿度传感器终端设备添加湿度数据寄存器数据 I/O 点（配置项说明如表 5-8 所示）。湿度数据点编辑如图 5-33 所示。

表 5-8　配置项说明

序号	配置项		说明
1		点名称	根据实际 I/O 点自定义，这里我们设置为"湿度"
2		数据类型	数据类型有 Analog 和 Discrete，这里我们建立的 I/O 点是模拟量点，所以选择"Analog"
3		转换类型	根据实际 I/O 点数据类型，这里我们设置为"Unsigned Integer"
4		地址	地址的值需与模拟量 I/O 设备寄存器的地址——对应，湿度地址详见表 5-2
5	基本信息	起始位	保持默认
6		长度（bit）	根据 I/O 点的转换类型决定，保持默认
7		最高量程	比例缩放设置时使用，保持默认
8		最低量程	比例缩放设置时使用，保持默认
9		缺省值	默认值，默认为 0.0
10		扫描倍率	保持默认
11		描述	点描述，选填
12		缩放类型	可选不同的数据处理方式，可根据实际需要选择
13	比例缩放设置	公式	由缩放类型决定，公式自动生成
14		Scale	范围值，根据实际设置
15		Offset	补偿值，根据实际设置
16		量程限定	可限定比例缩放设置后的量程值，根据实际设置

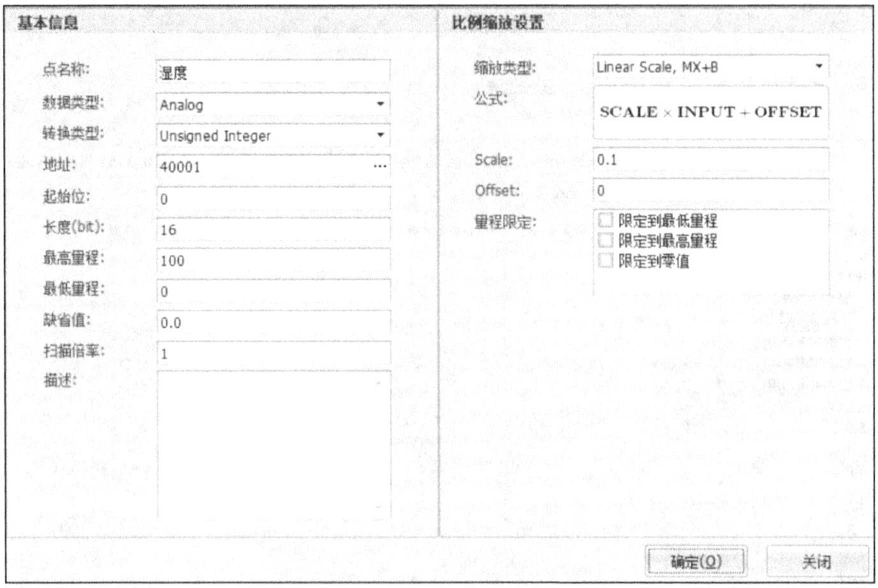

图 5-33　湿度数据点编辑

按同样方式添加温度数据寄存器数据 I/O 点。温度数据点编辑如图 5-34 所示。

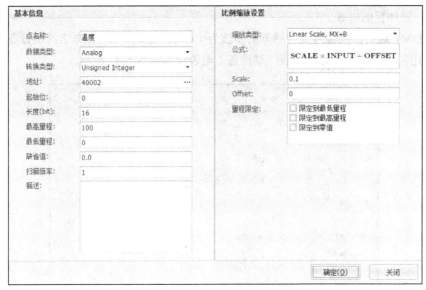

图 5-34　温度数据点编辑

建立完成的温湿度传感器终端 I/O 点在 I/O 点列表中集中显示，包含点名称、数据类型、I/O 点来源、缺省值、扫描倍率、地址、转换类型、缩放类型等 I/O 点关键参数。温湿度传感器 I/O 点列表如图 5-35 所示。

点名称	数据类型	I/O点来源	缺省值	扫描倍率	地址	转换类型	缩放类型
湿度	Analog	自定义添加	0.0	1	40001	Unsigned I...	Linear Scal...
温度	Analog	自定义添加	0.0	1	40002	Unsigned I...	Linear Scal...

图 5-35　温湿度传感器 I/O 点列表

注意：网关地址与温湿度设备地址有 1 位的地址偏移量。

（3）智能电表添加。

步骤 1：启用 COM2 端口。按照 COM1 端口同样的方法，双击 "COM2" 串口，勾选 "启用"复选框，按照智能电表串口通信参数（见表 5-6）进行 COM2 串口参数设定，单击 "应用" 按钮，完成串行端口启用配置。COM2 串口配置如图 5-36 所示。

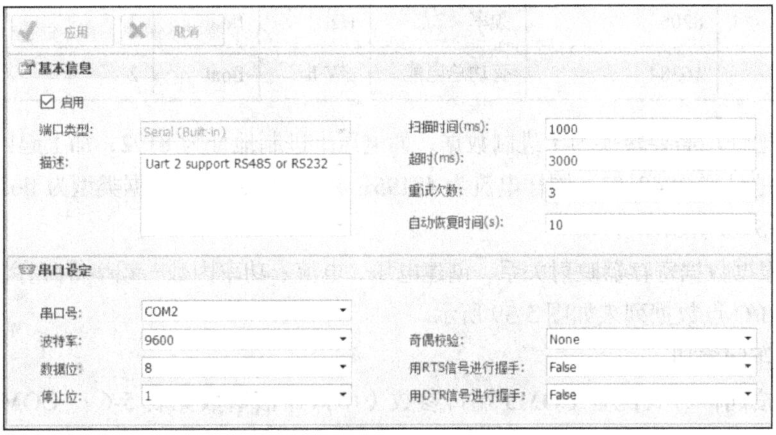

图 5-36　COM2 串口配置

步骤 2：添加智能电表。

按照 COM1 端口添加温湿度传感器的步骤为 COM2 端口添加智能电表终端设备，配置完成后单击"应用"按钮，保存智能电表终端设备。电表设备如图 5-37 所示。

图 5-37 电表设备

步骤 3：添加智能电表通信 I/O 点。

根据表 5-9 所示的智能电表寄存器的存储数据地址可知，寄存器数据地址采用十六进制，在 Modbus 通信协议传输数据时需同步转换为十进制，以完成智能电表数据存储寄存器映射转换。

表 5-9 智能电表寄存器

地址（十六进制）	地址（十进制）	寄存器参数说明				
		描述	单位	格式	数据长度/word	模式
2000H	8192	电压	V	float	2	只读
2002H	8194	电流	A	float	2	只读
200AH	8202	功率因数	/	float	2	只读
200EH	8206	频率	Hz	float	2	只读
4000H	16384	有功总电能	kW·h	float	2	只读

表 5-9 中地址均需要转换为十进制数据，如电压十进制地址为 8192，加上起始地址 40001，所以此时电压地址栏为 48193；同样电流为 48195；频率为 48207。数据类型为 float。电压 I/O 点参数配置如图 5-38 所示。

步骤 4：根据数据寄存器映射关系，创建电压、电流、功率因数、频率等寄存器存储数据 I/O 点。智能电表 I/O 点数据列表如图 5-39 所示。

（4）生产车间添加。

步骤 1：按同样方式配置 COM3 端口参数（串口通信参数见表 5-6）。COM3 串口设定如图 5-40 所示。

图 5-38　电压 I/O 点参数配置

点名称	数据类型	I/O点来源	缺省值	扫描倍率	地址	转换类型	缩放类型
电压	Analog	自定义添加	0.0	1	48193	IEEE Floating Point	No Scale
电流	Analog	自定义添加	0.0	1	48195	IEEE Floating Point	No Scale
功率因数	Analog	自定义添加	0.0	1	48203	IEEE Floating Point	No Scale
频率	Analog	自定义添加	0.0	1	48207	IEEE Floating Point	No Scale
有功总电能	Analog	自定义添加	0.0	1	416385	IEEE Floating Point	No Scale

图 5-39　智能电表 I/O 点数据列表

图 5-40　COM3 串口设定

　　步骤 2：根据 COM 端口连接硬件设备为 COM3 添加硬件设备。生产车间设备如图 5-41 所示。

　　步骤 3：模块添加完成后按照表 5-10 所示的生产车间工作站数据寄存器添加生产车间 I/O 点。

图 5-41　生产车间设备

表 5-10　生产车间工作站数据寄存器

工位	Modbus 地址	数据类型	数据长度	注释
工位 1	00701	bit	1bit	工作状态
	40401	int	1word	运行时间
	40402	int	1word	计划产量
	40403	int	1word	实际产量
工位 2	00702	bit	1bit	工作状态
	40404	int	1word	运行时间
	40405	int	1word	计划产量
	40406	int	1word	实际产量
工位 3	00703	bit	1bit	工作状态
	40407	int	1word	运行时间
	40408	int	1word	计划产量
	40409	int	1word	实际产量
工位 4	00704	bit	1bit	工作状态
	40410	int	1word	运行时间
	40411	int	1word	计划产量
	40412	int	1word	实际产量

添加完成后的结果如图 5-42 所示。

工作状态1	Discrete	...	0	1	00701	N/A	No Scale
工作状态2	Discrete	...	0	1	00702	N/A	No Scale
工作状态3	Discrete	...	0	1	00703	N/A	No Scale
工作状态4	Discrete	...	0	1	00704	N/A	No Scale
▶ 运行时间1	Analog	...	0.0	1	40401	Unsigned Integer	No Scale
计划产量1	Analog	...	0.0	1	40402	Unsigned Inte｜N/A	No Scale
实际产量1	Analog	...	0.0	1	40403	Unsigned Integer	No Scale
运行时间2	Analog	...	0.0	1	40404	Unsigned Integer	No Scale
计划产量2	Analog	...	0.0	1	40405	Unsigned Integer	No Scale
实际产量2	Analog	...	0.0	1	40406	Unsigned Integer	No Scale
运行时间3	Analog	...	0.0	1	40407	Unsigned Integer	No Scale
计划产量3	Analog	...	0.0	1	40408	Unsigned Integer	No Scale
实际产量3	Analog	...	0.0	1	40409	Unsigned Integer	No Scale
运行时间4	Analog	...	0.0	1	40410	Unsigned Integer	No Scale
计划产量4	Analog	...	0.0	1	40411	Unsigned Integer	No Scale
实际产量4	Analog	...	0.0	1	40412	Unsigned Integer	No Scale

图 5-42　车间工作站通信 I/O 点

（5）网络功能配置。

EdgeLink Studio 支持两种网络方式，通过有线以太网传输方式及无线传输方式，实现智能网关与其他上层设备通信。

EdgeLink Studio 有两路以太网端口，可选择网口分别配置，以太网络下支持 IPv4 和 IPv6 两种网络模式设定。在这两种模式下，均可将智能网关设定为 DHCP 方式或固定 IP 方式。

步骤 1：展开"系统设置"，双击"网络设置"，如图 5-43 所示。

步骤 2：在跳转出的"网络设置"属性页下，配置 LAN1 口基本属性，配置完成，单击"应用"按钮。LAN1 口配置如图 5-44 所示。

图 5-43　网络设置

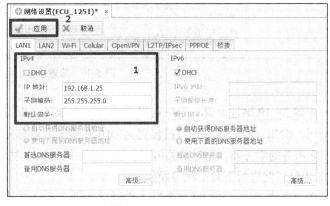

图 5-44　LAN1 口配置

（6）在线功能。

EdgeLink Studio 支持在线设备操作，主要有以下几项功能。

● 在线添加设备，搜索设备，清除设备。

● 在线密码设定，此密码用于工程下载、在线登录等。

● 在线监控设备，含点值的读取写入、I/O 状态、系统信息等。

● 在线修改设备的 IP 地址、下载密码。

为保证在线功能的正常使用，可以通过有线或者无线的方式将 PC 与智能网关连接到同一局域网下，这里我们介绍通过有线的方式进行连接。

步骤 1：通过网线将 PC 连接到智能网关局域网中，单击 EdgeLink Studio 软件的"在线设备"选项进入在线显示界面。画面切换如图 5-45 所示。

图 5-45　画面切换

步骤 2：在线搜索。单击"搜索设备"，软件会自动搜索计算机连接的局域网内的网关设备，搜索出来的设备以绿色状态显示在"在线设备"列表下。搜索设备如图 5-46 所示。

图 5-46　搜索设备

步骤 3：IP 地址设置。用户可以通过 EdgeLink Studio 临时修改在线设备网口的 IP 地址和子网掩码。例如：网关两个网口被设置为 DHCP 模式（动态分配 IP 地址），但网络中没有可以提供 DHCP 服务的服务器。此时网关可以被搜索到，但无法通过 IP 地址访问。用户可以临时设置网关的 IP 地址以便进行下载工程等操作。

在已经搜索到的"在线设备"上右键单击进入功能界面，选择"设置 IP"，打开设置 IP 地址的对话框。功能选项如图 5-47 所示。

步骤 4：根据工程"网络管理"属性修改相应的硬件连接设备的端口参数。根据工程网络设置中 LAN1 口配置参数（见图 5-48）修改计算机硬件连接端口的 IP 地址属性信息（见图 5-49）。设置完成后单击"设置"按钮，存储修改参数信息。

图 5-47　功能选项

如果计算机与网关之间通过网线直连方式实现硬件连接，需要配置本机 IPv4 静态 IP 地址与网关 IP 地址在同一个网段（通过路由方式连接可以忽略该操作步骤，直接使用动态 IP 地址进行访问）。计算机网口设定如图 5-50 所示。

图 5-48　LAN1 口配置　　　　　　　　　　　图 5-49　设置 IP 地址

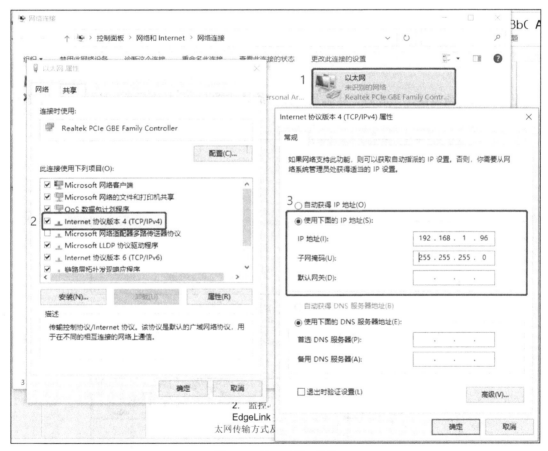

图 5-50　计算机网口设定

（7）下载工程至网关。

完成上述设备识别后，回到"工程管理"选项卡，单击设备，在工具栏中单击"下载工程"，打开"下载工程"窗口，下载工程如图 5-51 所示。

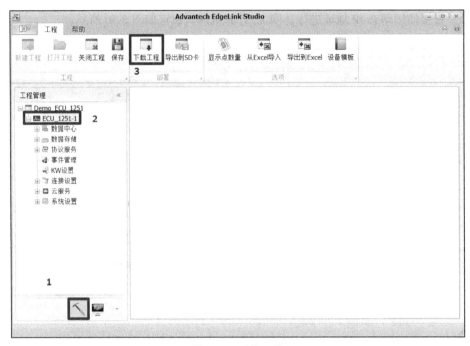

图 5-51　下载工程

等待工程自动编译，完成后，状态显示为"编译成功"，单击"下载"按钮。下载编译如图 5-52 所示。

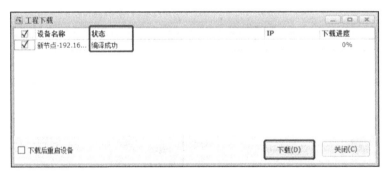

图 5-52　下载编译

开始下载后下载进度条会显示当前下载进度。完成后，状态显示为"重启成功"，单击"关闭"按钮，结束本次下载。下载完成如图 5-53 所示。

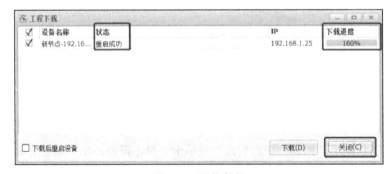

图 5-53　下载完成

5.1.8　实训结果

EdgeLink Studio 支持在线设备监控，主要有以下功能。

- 监控设备上所有的点，包含点值、在线状态及时间戳。
- 监控 I/O 状态，包含板载及扩展 I/O 的设定及读取。
- 监控系统信息，包含 GPRS 状态、image 信息，并支持在线升级 image。

于在线设备列表中右键单击设备，选择"监控"，打开监控对话框。输入设备密码"00000000"，单击"登录"按钮。在线监控如图 5-54 所示。

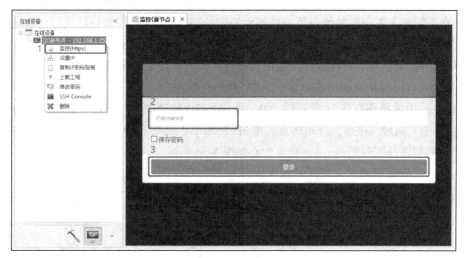

图 5-54　在线监控

登录成功后，可以在界面上看到 Tag 信息及网关系统信息等。质量显示为"Good"，表示设备与网关连接成功；质量显示为"Device Error"，则表示设备与网关没有连接成功。

如果需要对 I/O 点进行设置，可以通过选择希望修改的行，在点表单的上方点值空格处填入希望修改的数值，并单击"提交"按钮。注意：如果设备上的点值一直在输出更新，那么是无法修改的。I/O 点监控如图 5-55 所示。

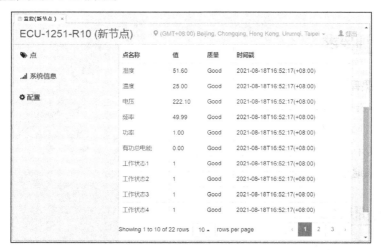

图 5-55　I/O 点监控

5.2 任务二 Wi-Fi 无线数据采集

基于 Wi-Fi 网关的通信配置，主要是对 RS-485 转 Wi-Fi 模块及 AP 管理器进行通信参数配置。RS-485 转 Wi-Fi 模块可使用免安装的配置软件进行参数配置，AP 管理器则可通过浏览器登录管理员界面进行无线网络参数配置。

5.2.1 场景说明

AGV 在不需要人工引航的情况下就能够沿预定的路线自动行驶，将货物或物料自动从起始点运送到目的地。由于 AGV 具有不固定占用地面面积、自动化程度高、应用灵活、安全可靠、无人操作、维修方便等优点，因此被广泛应用在仓储、制造等行业。通过 3D 仿真，还原 AGV 的物流调度过程，并在可视化看板上实时显示 AGV 的运行数据。

参照任务一中的操作打开 U 盘资料"05_3D 场景\3D 物流中心"下的"3D 物流中心.exe"并运行，然后单击"播放"按钮，开始仿真。在 3D 物流中心场景下可以通过 AGV 上方的看板来对 AGV 的运行数据进行实时监视。3D 物流中心如图 5-56 所示。

图 5-56 3D 物流中心

5.2.2 实训要求

通过本实训课程让学生：
➢ 熟悉 Wi-Fi 无线通信传输技术；
➢ 掌握无线通信传输协议与技术应用；
➢ 掌握工业有线传输与无线传输转换应用；
➢ 应用无线通信技术实现工业数据传输与监控。

5.2.3 实训目标

本实训课程让学生学习 RS-485 转 Wi-Fi 模块、无线 AP 与 AP 管理器配置方法，通过配置协议转换实现物流小车数据采集传输。通过实训掌握总线转 Wi-Fi 的无线通信部署应用。

5.2.4 实训器材

实训器材如表 5-11 所示。

表 5-11 实训器材

序号	名称	数量
1	计算机（Windows 7、Windows 10 操作系统）	1 台
2	RS-485 转 Wi-Fi 模块	1 个
3	AP 管理器	1 个
4	无线 AP	1 个
5	物流工作站	1 个
6	串口转 Wi-Fi 配置软件	/
7	ModScan32	/
8	工具（工具包、线缆、万用表）	若干

5.2.5 理论基础

基于 Wi-Fi 网关的数据采集，通过感知层 RS-485 转 Wi-Fi 模块采集物流小车的数据信息，通过 Wi-Fi 传输采集数据，并且通过网络层无线 AP 和 AP 管理器实现数据联网与通信，在应用层边缘服务器进行数据可视化监控与存储。

物流小车：通过工作站，实现物流小车数据的采集，包括物流小车的电池电量、状态、行程及速度等，并能手动控制物流小车的运动。Wi-Fi 传输如图 5-57 所示。

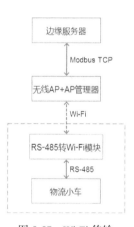

图 5-57 Wi-Fi 传输

1. RS-485 转 Wi-Fi 模块

USR-W610 串口服务器提供串口转 Wi-Fi 功能，能够将串口（RS-232/RS-485）转换成 TCP/IP 网络接口，实现串口（RS-232/RS-485）与 Wi-Fi 的数据双向透明传输，使得串口设备能够立即具备 TCP/IP 网络接口功能，连接网络进行数据通信，极大地扩展串口设备的通信距离。Wi-Fi 通信如图 5-58 所示。

图 5-58 Wi-Fi 通信

2. AP 管理器与无线 AP

AP 全称 Access Point 接入点，我们常说的无线 AP 一般是指企业级无线 AP，也就是"瘦 AP"，其信号发射范围是球形，所以搭建时最好放置于高处，以便覆盖到更多面积。

无线路由器也就是所谓的"胖 AP"，一般是指家用的无线路由器，是指用于用户上网、带有无线覆盖功能的路由器。

无线 AP 具有高性能的网桥、漫游，以及基于 Web 的配置和管理的特性，能够经济、有效地满足小企业与家庭用户日益增长的需求，让用户随时随地访问文件、电子邮件与互联网。它功能齐全、性能优越、设置方便。无线 AP 工作原理如图 5-59 所示。

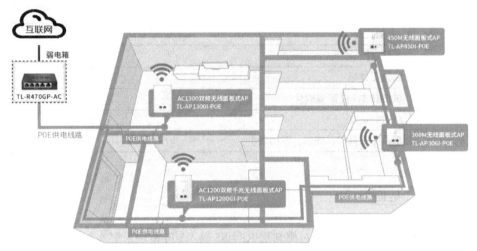

图 5-59　无线 AP 工作原理

5.2.6　实训步骤

1. 电气设备安装与连接

按照图 5-60 所示的电气接线图来安装与连接关键设备。

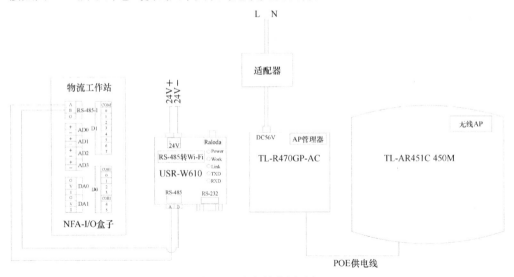

图 5-60　电气接线图示意

2. AP管理器部署

（1）使用网线连接AP管理器LAN口与计算机，打开管理员界面。

启动浏览器，在地址栏中输入"192.168.1.1"并按"Enter"键，在弹出界面输入名称为admin，密码为123456，单击"登录"按钮进入AP管理器管理员界面。登录管理器如图5-61所示。

图5-61　登录管理器

（2）上网设置。

在管理员界面的"常用设置"属性页中可以进行上网设置，配置WAN口的上网方式为动态IP方式。配置完成后单击"保存"按钮完成WAN设置，如图5-62所示。

图5-62　WAN设置

AP管理器
通信配置

（3）无线网络设置。

在管理员界面的"AP管理"属性页中，可以进行无线网络设置，配置无线局域网名称与密码。依次配置无线网络名称、AP设备、加密方式、无线密码（无线密码要牢记）等，如图5-63所示。

图 5-63　无线网络设置

（4）配置保存。

当前属性页参数配置完成以后，需单击"确定"按钮，将配置的参数下载到 AP 管理器中，如图 5-64 所示。

图 5-64　保存配置

3. RS-485 转 Wi-Fi 模块配置

（1）使用 RS-232 母对母串口线一端连接 RS-485 转 Wi-Fi 模块公头接口，另外一端连接 USB 转串口线串口端，将 USB 转串口连接线 USB 端口连接台式计算机。

（2）启动配置工具。

打开 U 盘资料"02_工具与驱动\03_配置工具\RS-485 转 WIFI 终端"，双击"USR-WIFI232- 6xx,A2,B2,D2.exe"打开该配置工具，如图 5-65 所示。

RS-485 转 Wi-Fi
模块配置

图 5-65　配置工具

（3）设备搜索。

在串口搜索界面中，配置串口参数（初始波特率为 57600bit/s），单击"打开"按钮，配置软件自动搜索连接到计算机的模块设备，并上传模块的详细信息参数，如图 5-66 所示。

图 5-66　搜索设备

（4）模式选择。

在"模式选择"属性页中，可以设置模块工作模式，配置模块工作模式及数据传输模式。工作模式分为 AP 模式和 Station 模式。其中，AP 模式是将设备作为接入点，即该模块创建 Wi-Fi 网络，供手机、笔记本电脑、平板电脑等其他设备接入；Station 模式是将设备作为终端接入设备，即该模块加入路由器创建的 Wi-Fi 网络。选择模块工作模式为"STA"模式，数据传输模式为"modbus"模式，如图 5-67 所示。

图 5-67　工作模式

配置完成后单击"配置该页"按钮，将修改后的模块工作模式保存至硬件模块。

（5）无线终端设置。

在"无线终端设置"属性页中，可以对无线终端及模块 IP 地址进行设置，配置模块要接入的无线局域网及模块的 IP 地址，如图 5-68 所示。

图 5-68　无线终端设置

① 无线终端设置。

配置步骤如图 5-69 所示。

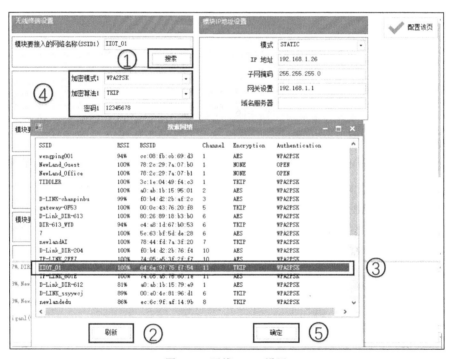

图 5-69　无线 Wi-Fi 设置

a. 单击"搜索"按钮，软件工具自动识别所处空间中的无线路由设备网络。

b. 单击"刷新"按钮，软件工具自动刷新并搜索网络设备。

c. 在搜索网络列表中查找到已配置的 AP 管理器设备名称和加密方式。

d. 依据第三步搜索路由器加密方式，配置设备接入该局域网模块（加密模式、加密算法、密码）。

e. 单击"确定"按钮选择网络局域网。

② 模块 IP 地址设置。

模块 IP 地址设置如图 5-70 所示。

图 5-70　模块 IP 地址设置

模块 IP 地址的模式分为 STATIC（静态）和 DHCP（动态）两种。实训中使用静态 IP 地址模式分配串口转 Wi-Fi 模块并在局域网中识别地址。参数设置完成后单击"配置该页"按钮保存 IP 地址配置参数。

（6）串口及网络设置。

在"串口及网络设置"属性页中，可以对串口参数进行设置，配置波特率、数据位、停止位、校验位等。由电气接线图可知，本次任务中物流工作站参数，工作站通信波特率为 9600bit/s，数据位为 8，停止位为 1，奇偶校验为无，从站地址为 1。设置协议为 TCP，网络模式为 SERVER，端口号为 502。参数修改完成后单击"配置该页"按钮完成参数配置，如图 5-71 所示。

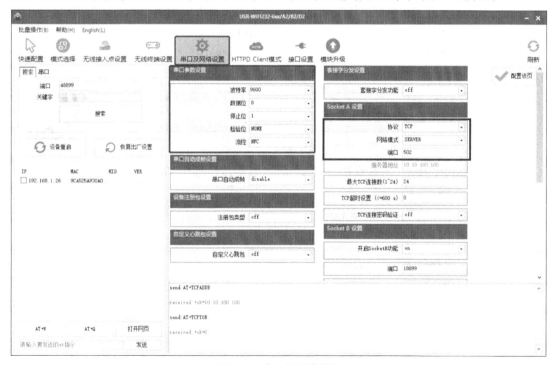

图 5-71　串口及网络设置

（7）配置下载。

当前属性页参数配置完成以后，需单击右上角的"配置该页"按钮，将配置的参数下载到模块中，底部信息栏可查看下载的参数及模块反馈是否成功，如图 5-72 所示。

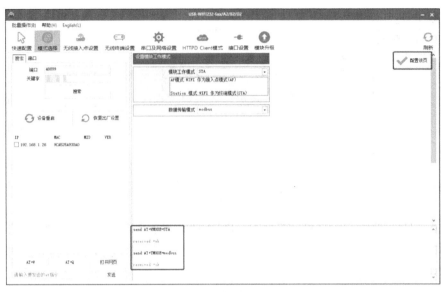

图 5-72　保存配置

5.2.7　实训结果

经过上述实训步骤，已经完成了物流工作站相应的数据传输配置。在这个配置过程中，将物流工作站参数进行无线通信传输。接下来通过使用 Modbus 调试工具查看物流工作站参数信息。

（1）使用网线连接 AP 管理器 LAN 口与计算机网口。

（2）打开 U 盘资料"02_工具与驱动\03_配置工具\ModScan32"，双击运行"ModScan32.exe"，如图 5-73 所示。

ModScan32.chm	2021/8/18 10:45	编译的 HTML 帮…	49 KB
ModScan32.cnt	2021/8/18 10:45	CNT 文件	2 KB
ModScan32.exe	2021/8/18 10:45	应用程序	726 KB

图 5-73　运行 ModScan32

（3）在主界面中，单击"连接设置-连接"，新建一个连接，如图 5-74 所示。

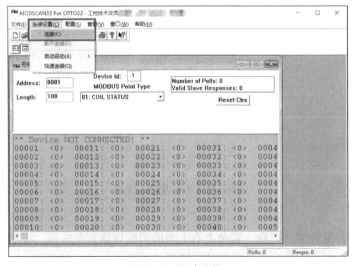

图 5-74　新建连接

（4）在弹出的配置对话框中，选择使用的连接为 Remote modbusTCP Server，IP Address 为 192.168.1.26，服务端口为 502，最后单击"确认"按钮完成连接的配置，如图 5-75 所示。

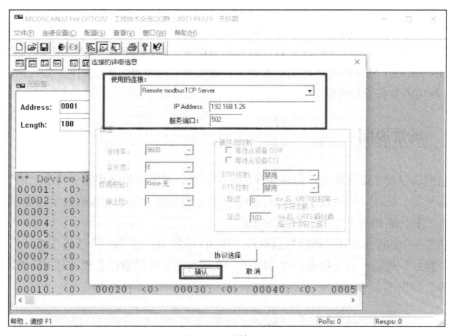

图 5-75　连接配置

（5）根据物流工作站的 Modbus 地址进行数据监测，配置 Address 为 0400，Length 为 10，Device Id 为 1，MODBUS Point Type 为 03:HOLDING REGISTER，数据监控如图 5-76 所示。

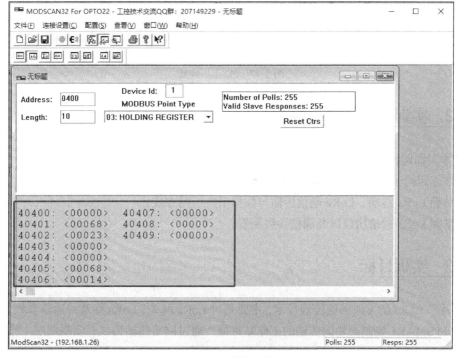

图 5-76　数据监控

5.3 任务三 LoRa 数据采集

基于 LoRa 网关的通信配置，主要是对 LoRa 网关、LoRa 终端及 PLC 进行通信参数配置。LoRa 网关、LoRa 终端可使用免安装的配置软件进行参数配置，西门子的 S7-200 SMART 需使用 STEP 7-Micro/WIN SMART 软件进行程序编程及通信参数设置。通过通信参数配置，进行网络连接，可实现 LoRa 网关的数据采集传输。

5.3.1 场景说明

能耗监测通过对工业现场生产设备能耗信息的管理，可实现设备用电、用水、用气等能源使用量的远程采集、统计、管理及优化。通过 3D 仿真，在可视化看板上实时显示用电量、用水量、用气量以及二氧化碳排放量等工厂的能耗数据。

参照任务一中的操作打开并运行 U 盘资料 "05_3D 场景\3D 工厂能耗" 下的 "3D 工厂能耗.exe"，然后单击 "播放" 按钮，开始仿真。在 3D 工厂能耗场景下可以通过看板来对工厂的能耗数据数值进行监视，如图 5-77 所示。

图 5-77　3D 工厂能耗

5.3.2 实训要求

通过本实训课程让学生：
- 掌握西门子控制器简单编程的操作步骤；
- 熟悉 LoRa 终端、LoRa 通信传输与数据采集组网方式；
- 掌握 LoRa 通信协议以及通信参数配置。

5.3.3 实训目标

实训基于 LoRa 的无线通信传输技术，主要是对 LoRa 网关、LoRa 终端的通信参数进行配置，采集 S7-200 SMART 控制器轮询传输的工作站数据。通过网络传输协议，实现底层工作站依次轮询传输的过程。

5.3.4　实训器材

实训器材如表 5-12 所示。

表 5-12　实训器材

序号	名称	数量
1	计算机（Windows 7、Windows 10 操作系统）	1 台
2	LoRa 终端	1 个
3	LoRa 网关	1 个
4	能耗工作站	1 个
5	S7-200 SMART 控制器	1 个
6	STEP 7-Micro/WIN SMART 编程软件	/
7	LoRa 配置工具	/
8	串口转网络调试助手	/
9	母对母串口线	1 根
10	USB 转串口线	1 根
11	工具（工具包、线缆、万用表）	若干

5.3.5　理论基础

1．可编程控制器

PLC（可编程逻辑控制器）是专门为在工业环境下应用而设计的数字运算操作电子系统。它采用一种可编程的存储器，在其内部存储执行逻辑运算、顺序控制、定时、计数和算术运算等操作的指令，通过数字式或模拟式的输入和输出来控制各种类型的机械设备或生产过程。模块采用的 S7-200 SMART PLC，如图 5-78 所示。

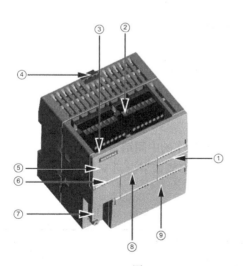

① I/O 的 LED

② 端子连接器

③ 以太网通信端口

④ 用于在标准（DIN）导轨上安装的夹片

⑤ 以太网状态 LED（保护盖下方）：LINK，RX/TX

⑥ 状态 LED：RUN、STOP 和 ERROR

⑦ RS-485 通信端口

⑧ 可选信号板（仅限标准型）

⑨ 存储卡读卡器（保护盖下方）

图 5-78　S7-200 SMART PLC

CPU 将信息存储在不同存储单元，每个位置均具有唯一的地址，可以显示标识要访问的存储器地址。这样程序将直接访问该信息。要访问存储器中的位，必须指定地址，该地址需包括存储器标识符、字节地址和位号（也称为"字节.位"寻址）。

要按字节、字或双字访问存储器中的数据，必须采用类似于指定位地址的方法指定地址。使用"字节地址"格式可按字节、字或双字访问多数存储器中的数据。这包括区域标识符、数据大小标识和字节、字或双字值的起始字节地址，如图 5-79 所示。

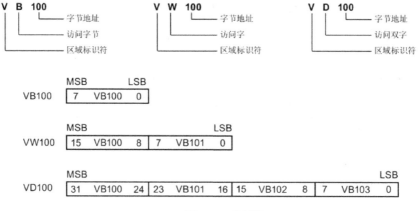

图 5-79　存储器

（1）I 存储器（过程映像输入）。

CPU 在每次扫描周期开始时对物理输入点采样，然后将采样值写入 I 存储器。用户可以按位、字节、字或双字来访问 I 存储器。I 存储器的绝对地址如表 5-13 所示。

表 5-13　I 存储器的绝对地址

位	I[字节地址].[位地址]	I0.1
字节、字或双字	I[大小][起始字节地址]	IB4、IW7、ID20

（2）Q 存储器（过程映像输出）。

扫描周期结束时，CPU 将存储在 Q 存储器的值复制到物理输出点。用户可以按位、字节、字或双字来访问 Q 存储器。Q 存储器的绝对地址如表 5-14 所示。

表 5-14　Q 存储器的绝对地址

位	Q[字节地址].[位地址]	Q1.1
字节、字或双字	Q[大小][起始字节地址]	QB5、QW7、QD28

（3）V 存储器（变量存储器）。

可以使用 V 存储器存储程序执行中控制逻辑操作的中间结果，也可以使用 V 存储器存储与过程或任务相关的其他数据。用户可以按位、字节、字或双字访问 V 存储器。V 存储器的绝对地址如表 5-15 所示。

表 5-15　V 存储器的绝对地址

位	V[字节地址].[位地址]	V10.2
字节、字或双字	V[大小][起始字节地址]	VB16、VW100、VD2136

（4）M 存储器（标志存储器）。

可以将 M 存储器（标志存储器）用作内部控制继电器来存储操作的中间状态或其他控制信息。用户可以按位、字节、字或双字访问标志存储器。M 存储器的绝对地址如表 5-16 所示。

表 5-16 M 存储器的绝对地址

位	M[字节地址].[位地址]	M26.7
字节、字或双字	M[大小][起始字节地址]	MB0、MW11、MD20

（5）T 存储器（定时器存储器）。

CPU 提供的定时器能够以 1ms、10ms 或 100ms 的精度（时基增量）累计时间。定时器有如下两个变量。

当前值：该 16 位有符号整数可存储定时器计数的时间量。

定时器位：比较当前值和预设值后，可置位或清除该位。预设值是定时器指令的一部分。

可以使用定时器地址（T + 定时器编号）访问这两个变量。是访问定时器位还是访问当前值取决于所使用的指令：带位操作数的指令会访问定时器位，而带字操作数的指令则访问当前值。如图 5-80 所示，"常开触点"指令访问的是定时器位，而"移动字"指令访问的是定时器的当前值。

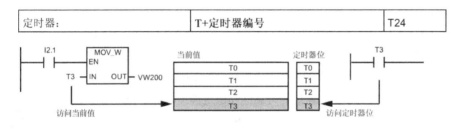

图 5-80 定时器

（6）SM 存储器（特殊存储器）。

SM 存储器提供了在 CPU 和用户程序之间传递信息的一种方法，可以按位、字节访问标志存储器。用户可以使用这些位来选择和控制 CPU 的某些特殊功能，SM 存储器的绝对地址如表 5-17 所示。常用 SM 存储器如表 5-18 所示。

表 5-17 SM 存储器的绝对地址

位	SM[字节地址].[位地址]	SM0.1
字节、字或双字	SM[大小][起始字节地址]	SMB86、SMW300、SMD20

表 5-18 常用 SM 存储器

S7-200 SMART 符号名	SM 地址	说明
Always_On	SM0.0	该位始终为 TRUE
First_Scan_On	SM0.1	在第一个扫描周期，CPU 将该位设置为 TRUE，此后将其设置为 FALSE
RUN_Power_Up	SM0.3	通过上电或暖启动条件进入 RUN 模式时，CPU 将该位设置为 TRUE 并持续一个扫描周期
Clock_1s	SM0.5	周期时间为 1s 时，该位有 0.5s 的时间为 FALSE，有 0.5s 的时间为 TRUE

支持的功能如下。

① 标配的 PROFINET 接口。

● STEP 7-Micro/WIN SMART 编程。

● GET/PUT 通信。

● HMI 以太网类型。

● 基于 UDP、TCP 或 ISO-on-TCP 的开放式用户通信（OUC）。

● PROFINET 通信。

② RS-485 通信接口（端口 0）。

● 使用 USB-PPI 电缆进行 STEP 7-Micro/WIN SMART 编程。

● TD/HMI：RS-485 类型。

● 自由端口（XMT/RCV）包括西门子提供的 USS 和 Modbus RTU 库。

③ RS-485/RS-232 信号板（扩展板，端口 1）。

● TD/HMI：RS-485 或 RS-232 类型。

● 自由端口（XMT/RCV）包括西门子提供的 USS（仅 RS-485）和 Modbus RTU（RS-485 或 RS-232）库。

2. 串口通信扩展板

SB CM01 是西门子 S7-200 SMART PLC 开发的隔离型 RS-485/RS-232 接口板，如图 5-81 所示。其采用当今先进的磁隔离器件隔离 RS-485 和 RS-232 信号，并设有防雷击浪涌保护电路和 PTC 过流保护电路。它解决了各 RS-485/RS-232 节点由于地电位不同造成的地线环路干扰和烧口问题，对于提高通信的可靠性和稳定性（特别是与变频器通信时效果十分明显）以及延长通信距离是一个很好的选择。

隔离型 SB CM01 接口板与非隔离型 SB CM01 接口板完全兼容，可直接替换，其内置的终端电阻和偏置电阻使得接线更为简单方便。

使用 SB CM01 之前需用网线连接 S7-200 SMART PLC 和计算机，在 STEP 7-Micro/WIN SMART 软件中组态信号接口板 SB CM01 的接口类型、地址和波特率等参数。

当组态 SB CM01 为 RS-232 接口时，终端电阻设置开关无效。

图 5-81　RS-485/RS-232 接口板

当组态 SB CM01 为 RS-485 接口时，开关拨到 "off" 则无终端电阻和偏置电阻，开关拨到 "on" 则内部接入 220Ω 终端电阻和 2 个 390Ω 偏置电阻。

SB CM01+端子信号说明如表 5-19 所示。

表 5-19　SB CM01+端子信号说明

产品外形	端子编号	信号名	信号说明
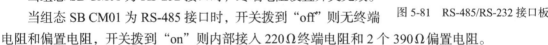	1	屏蔽地	机壳接地
	2	Tx/B	RS-232-Tx（发送）/RS-485-B（信号正）
	3	RTS	请求发送（TTL 电平）
	4	M	信号地
	5	Rx/A	RS-232-Rx（接收）/RS-485-A（信号负）

3. LoRa 终端

RS-485 转 LoRa 终端可以将 Modbus 协议通过 LoRaWAN 无线网络透传给服务器，实现无线传输工业现场的数据信息。模块采用 USR-LG206 型 RS-485 转 LoRa 终端，如图 5-82 所示。

支持的功能如下。

- 连接外部串口设备，通过集中器 LG210-L 实现数据的远距离传输。
- 高增益、高接收灵敏度，通信距离可达 4500m。
- 工作模式支持透传模式和组网模式。
- 透传模式下，服务器与设备之间可直接透明传输，所收即所发。
- 组网模式下，设备通过 LoRa 终端与集中器入网配对后方可进行通信。

4. LoRa 网关

LoRa 网关具有数据采集网关功能，同时可与 LoRa 终端组合，不改变用户的任何数据和协议，采用透明传输机制，实现无线数据收发。模块采用 USR-LG210-L 型 LoRa 网关，如图 5-83 所示。

图 5-82 RS-485 转 LoRa 终端

图 5-83 LoRa 网关

支持的功能如下。

- 采用 USR 私有协议组网，多节点采集数据。
- 通过网络或串口方式，实现由端到云的数据传输。
- 无须过问中间环节，即可快速搭建 LoRa 应用方案。
- 工作模式支持透传模式和组网模式。

5.3.6 实训准备

STEP 7-Micro/WIN SMART 是西门子 S7-200 SMART 控制器的组态、编程和操作软件。

STEP 7-Micro/WIN SMART 软件可运行在 Windows 7（支持 32 位和 64 位）和 Windows 10（支持 64 位）系统下，安装步骤如下。

步骤 1：打开 U 盘资料"03_软件安装包\2.STEP 7-MicroWIN SMART""STEP 7-MicroWIN SMART V2.5.iso""STEP 7-MicroWIN SMART V02.05.00"，以管理员身份运行"setup.exe"，安装

应用程序，如图 5-84 所示。

步骤 2：选择安装语言为"中文（简体）"，并单击"确定"按钮，如图 5-85 所示。

S7200SMART-ES_pi_OSS_zLib_409.pdf	2013/10/8 3:28	Foxit Reader PD...	35 KB
S7200SMART-ES_pi_OSS_zLib_804.pdf	2013/10/8 3:28	Foxit Reader PD...	167 KB
setup.exe	2019/11/19 13:12	应用程序	1,007 KB
Setup.ini	2019/11/19 13:14	配置设置	6 KB
setup.isn	2017/5/1 1:07	ISN 文件	41 KB

图 5-84　安装应用程序

图 5-85　语言选择

步骤 3：根据提示，选择关闭或不关闭杀毒软件，单击"下一步"按钮，如图 5-86 所示。

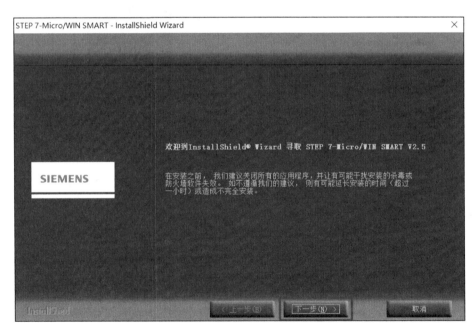

图 5-86　选择关闭或不关闭杀毒软件

步骤 4：选择是否接受许可协议，选中"我接受许可证协定和有关安全的信息的所有条件"，并单击"下一步"按钮，如图 5-87 所示。

步骤 5：选择安装路径，默认为 C 盘 Program Files(x86)文件夹下，单击"下一步"按钮，等待软件自动安装，如图 5-88 所示。

步骤 6：自动安装完成，选择是否重启计算机，再单击"完成"按钮，如图 5-89 所示。

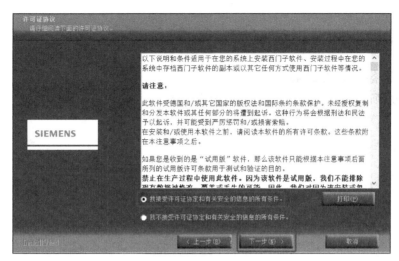

图 5-87　接受许可协议

图 5-88　选择目的地位置

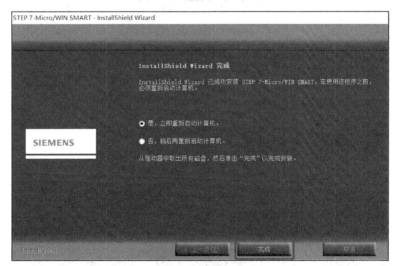

图 5-89　选择重启

5.3.7 实训步骤

1. 电气设备安装与连接

按照图 5-90 所示的电气接线图安装与连接关键设备。

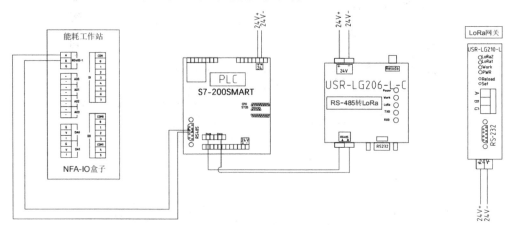

图 5-90 电气接线图示意

注：西门子 PLC RS-485 通信端口采用 A−、B+通信定义。

2. 西门子 S7-200 SMART PLC 工程开发

使用西门子 S7-200 SMART PLC 作为采集数据中转数据处理，在保证数据传输速率的同时，采集逻辑编程信息并做运算处理，实现传输数据轮询传输，缓解数据传输过程中的数据冗余。

西门子 S7-200 SMART PLC 工程开发

（1）工程创建。

双击桌面的"STEP 7-Micro/WIN SMART"应用程序，进入程序主界面，界面如图 5-91 所示。单击"新建"选项应用项目。

图 5-91 程序主界面

（2）硬件组态。

双击左侧项目树中的硬件"CPU ST40"可进行硬件组态，主要是根据实际使用的模块，将模块添加到硬件中。这里的模块型号要和实际的一一对应，否则可能无法正常使用。添加完模块还需要对端口的通信参数进行设置，主要是 CPU 自带的 RS-485 接口以及自选模块的 RS-485 接口。

根据实际硬件设备可知，使用模块 CPU 型号为 CPU ST20，扩展模块为 SB CM01（RS-485/RS-232）通信扩展模块，扩展模块通信方式以及通信类型可通过端口配置界面进行参数设置。配置完成后单击"确定"完成硬件组态。硬件组态如图 5-92 所示。

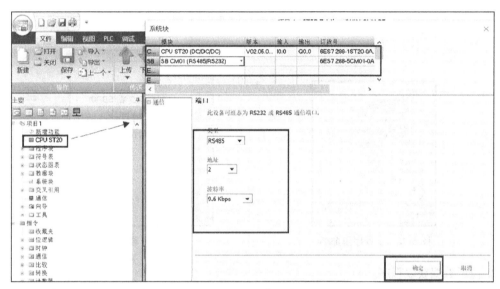

图 5-92 硬件组态

（3）项目编程。

控制器程序由主程序、子程序、中断程序组成，主程序为程序列表中的 MAIN(OB1)程序，子程序与中断程序根据用户实际需要手动添加。初始程序列表如图 5-93 所示。

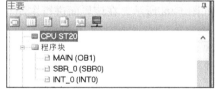

图 5-93 初始程序列表

项目分析：项目要求将能耗工作站作为串口通信从站，将 S7-200 SMART 控制器作为主站采集工作站信息，并且将采集的信息进行运算处理，然后将处理后的数据轮询传输到 LoRa 终端做数据通信应用。所以，针对不同功能要求分别设计针对能耗数据采集的"MODBUS 主站"子程序、采集数据运算处理的"数据处理"子程序、针对 LoRa 轮询访问的"数据轮询"子程序。

① 添加子程序。

选择"程序块"，右键单击选择"插入-子程序"，在原有程序列表中出现新建的子程序，如图 5-94 所示。

重复上述子程序创建步骤，再次创建一个子程序。子程序按照序号自动分配名称。创建完成的程序块如图 5-95 所示。

依次选中 SBR 子程序，右键单击并选择"重命名"（见图 5-96），然后将 SBR 子程序分别命名为"MODBUS 主站""数据处理""数据轮询"（见图 5-97）。

图 5-94　添加子程序

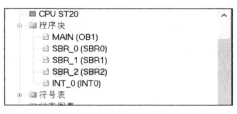

图 5-95　程序块

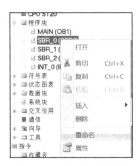

图 5-96　子程序重命名

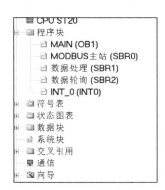

图 5-97　程序列表

② 能耗数据获取程序。

由电气接线图可知，能耗工作站 RS-485 通信端口连接 S7-200 SMART 模块的 RS-485 端口，通过编辑程序获取能耗工作站采集数据。将 S7-200 SMART 作为通信主站，能耗工作站作为数据采集从站，编写主站子程序。

双击程序列表"MODBUS 主站"子程序，程序编辑界面弹出 MODBUS 主站子程序编辑界面，如图 5-98 所示。在该界面进行主站程序编写。

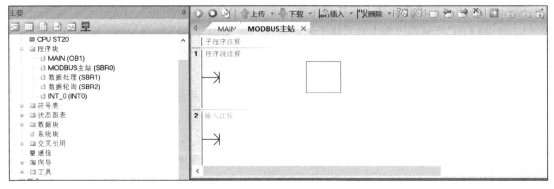

图 5-98　MODBUS 主站程序块

"Modbus RTU Master(v2.0)"指令包含"MBUS_CTRL""MBUS_MSG"两个应用指令。Modbus RTU 指令库如图 5-99 所示。

MBUS_CTRL 指令（见图 5-100）介绍如下。

EN：模块使能（输入接通时，每次扫描时均执行该指令）。

Mode：通信协议（输入值 1，给 CPU 端口分配 Modbus 协议并启用该协议；输入值 0，给 CPU 端口分配 PPI 系统协议并禁用 Modbus 协议）。

Baud：波特率（设置串口通信波特率）。

Parity：奇偶校验（0 表示无校验、1 表示奇校验、2 表示偶校验）。

Port：端口（0 表示 CPU 中集成的 RS-485，1 表示可选 CM01 信号板上的 RS-485 或 RS-232）。

Timeout：超时（等待从站做出响应的毫秒数）。

Done：指令完成。

Error：错误输出。

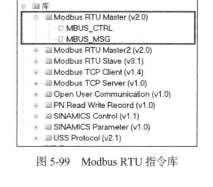

图 5-99 Modbus RTU 指令库

MBUS_MSG 指令（见图 5-101）介绍如下。

EN：模块使能（必须接通才能启用发送请求）。

First：程序请求（脉冲方式通过边沿检测元素程序发送请求一次）。

Slave：从站设备地址（允许范围为 0 ~ 247）。

RW：读写选项（0 表示读取，1 表示写入）。

Addr：起始 Modbus 地址（离散量输出范围为 00001 ~ 09999；离散量输入范围为 10001 ~ 19999；输入寄存器范围为 30001 ~ 39999；保持寄存器范围为 40001 ~ 49999 和 400001 ~ 465535）。

Count：计数（分配要在该请求中读取或写入的数据元素数，对于位数据类型，"Count"表示位数；对于字数据类型，则表示字数）。

DataPtr：间接地址指针（CPU 中与读/写请求相关的数据 V 存储器）。

Done：指令完成。

Error：错误输出。

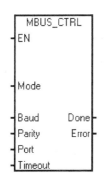

图 5-100　MBUS_CTRL 指令

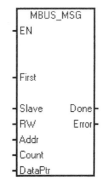

图 5-101　MBUS_MSG 指令

在程序段 1 输入图 5-102 所示的主站通信参数配置程序。

程序分析如下。

SM0.0 寄存器是"始终接通"的特殊寄存器。在程序运行扫描过程中，SM0.0 数值始终为1，处于接通状态。

程序调用 MBUS_CTRL 指令来初始化、监视或禁用 Modbus 通信。编程过程完成配置主机通信波特率为 9600bit/s、无校验、使用主机 COM 口，超时 1000ms，指令完成标志 M0.3，故障报警存储 MB3。

在程序段 2 输入图 5-103 所示的主站通信数据读写程序。

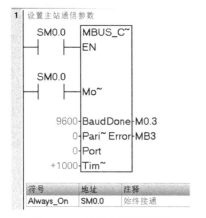

图 5-102　通信参数配置程序

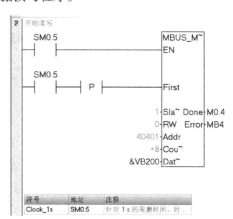

图 5-103　通信数据读写程序

程序分析如下。

SM0.5 寄存器是"1s 周期间断"的特殊寄存器。在程序运行扫描过程中，SM0.5 每个周期之内接通 0.5s，断开 0.5s。常开触点 P 为上升沿检测指令。

程序调用 MBUS_MSG/MB_MSG2 指令，启动对 Modbus 从站的请求并处理响应。MSG 指令实现对地址为 1 的从站设备进行数据读写操作。数据读写初始地址（见表 5-20）为 40401，读写长度为 8，间接寻址地址为 VB200。指令完成标志 M0.4，故障报警存储 MB4。

表 5-20　能耗工作站检测数据列表

地址	数据类型	数据长度/word	注释
D400	float	2	用电量
D402	float	2	用水量
D404	float	2	用气量
D406	float	2	二氧化碳排放量

③ 数据处理。

经过"MODBUS 主站"子程序编程开发，实现了能耗工作站寄存器数据与 S7-200 SMART 控制器存储；经过主站数据采集之后，实现了将能耗工作站数据存储在 VB200 为起始地址的 8 个长度的数据寄存器内部。

在"数据处理"子程序第 1 段输入图 5-104 所示的数据传送程序。

程序分析如下。

将采集寄存器数据通过 MOVE 指令（MOVE 数据传送指令说明见表 5-21）进行数据传送，

实现采集数据临时存储。

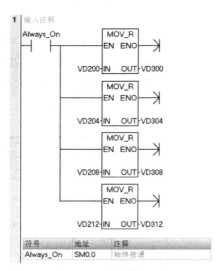

图 5-104　数据传送程序

表 5-21　MOVE 数据传送指令

指令	STL	说明
MOV_B EN ENO IN OUT	MOVB IN, OUT	
MOV_W EN ENO IN OUT	MOVW IN, OUT	字节传送、字传送、双字传送和实数传送指令将数据值从源（常数）存储单元 IN 传送到新存储单元 OUT，而不会更改源存储单元中存储的值
MOV_DW EN ENO IN OUT	MOVDW IN, OUT	
MOV_R EN ENO IN OUT	MOVR IN, OUT	

数据传送以后，能耗数据在西门子 S7-200 SMART PLC 中的存储寄存器如表 5-22 所示。

表 5-22　能耗数据的存储寄存器

数据名称	数据类型	数据长度/word	能耗工作站地址	通信存储地址	MOVE 指令传送
用电量	float	2	D400	VD200	VD300
用水量	float	2	D402	VD204	VD304
用气量	float	2	D404	VD208	VD308
二氧化碳排放量	float	2	D406	VD212	VD312

在 PLC 系统中，数据存储在以字节为单元的可寻址存储器中。这些数据一般包括如 BYTE、WORD、DWORD、REAL、STRING 等。WORD 由 2 个字节组成，DWORD 由 4 个字节组成，STRING 在 S7-200 SMART PLC 中最多由 255 个字节组成。对于这些多字节数据类型，都被存

储为连续的字节序列，那么必然存在着多个字节排序的问题，因此就产生了大端存储模式和小端存储模式。

在数据转存过程中，存在不同信号寄存器高低位顺序的区别。能耗工作站寄存器存储过程中高位在前，低位在后［D(n+1)、Dn］，如图 5-105 所示。而在 S7-200 SMART PLC 中低位在前，高位在后［VWn、VW(n+2)］，如图 5-106 所示。为了保证 S7-200 SMART PLC 数据与工作站数据的一致性，需要对 S7-200 SMART PLC 数据高低位进行变换处理。

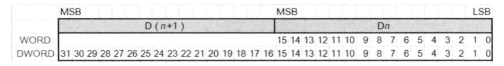

图 5-105　工作站数据存储模式

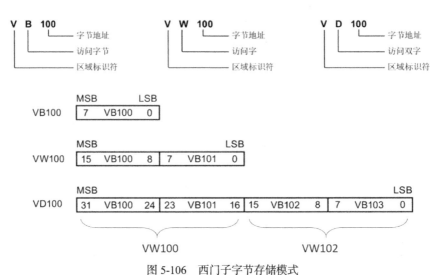

图 5-106　西门子字节存储模式

在数据处理子程序第 2 段输入图 5-107、图 5-108 所示的数据传送程序。

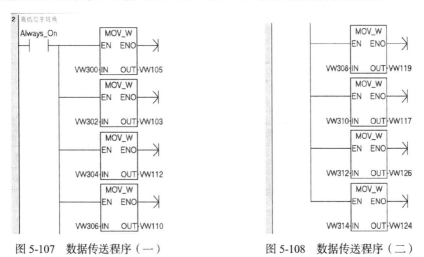

图 5-107　数据传送程序（一）　　　　图 5-108　数据传送程序（二）

将 VW300 到 VW312 分别进行高低位转换后再将数据存储在 VW103、VW110、VW117、VW124 寄存器。

④ 通信数据传输。

在本任务要求中，将处理过的寄存器数据通过 SB CM01 通信端口传输到 LoRa 终端。

可以选择自由端口模式以通过用户程序控制 CPU 的串行通信端口。选择自由端口模式后，程序通过使用接收中断、发送中断、发送指令和接收指令来控制通信端口的操作，并在自由端口模式下完全控制通信协议。使用 SMB30 和 SMB130 来选择波特率和奇偶校验。

CPU 向两个物理端口分配两个特殊存储器字节。

● 向集成 RS-485 端口（端口 0）分配 SMB30。

● 向 CM01 RS-232/RS-485 信号板（SB）端口（端口 1）分配 SMB130。

CPU 处于 STOP 模式时，会禁用自由端口模式，并重新建立正常通信（例如，HMI 设备访问）。仅当 CPU 处于 RUN 模式时，才可使用自由端口通信。

要启用自由端口模式，请使用特殊存储器字节 SMB30［用于集成的 RS-485 端口（端口 0）］和 SMB130［用于 CM01 信号板（SB）端口（端口 1）］（如果 CPU 型号支持）。

程序通过以下方式控制通信端口的操作。

● 发送指令（XMT）和发送中断。

借助发送指令，S7-200 SMART CPU 可从 COM 端口发送最多 255 个字符。发送中断会在发送完成时通知 CPU 中的程序。

● 接收字符中断。

接收字符中断会通知用户程序已在 COM 端口上接收字符。随后，程序将根据所执行的协议对该字符进行处理。

● 接收指令（RCV）。

接收指令从 COM 端口接收整条信息，完全接收到该消息后，将为程序生成中断。使用 CPU 的 SM 存储器组态接收指令，根据定义的条件开始和停止接收消息。接收指令允许程序根据特定字符或时间间隔开始或停止接收消息。无须使用烦琐的接收字符中断方法，接收指令便可实现多数协议。

● SMB130 组态端口 1（可选 CM01 信号板）。

可对 SMB30 和 SMB130 进行读取和写入操作。这些字节配置的相应通信端口可进行自由端口操作，并提供自由端口或系统协议支持的选择。SMB130 端口组态如表 5-23 所示。

表 5-23　SMB130 端口组态

S7-200 符号名	SM 地址	位格式								
	SMB130	7	6	5	4	3	2	1	0	含义
	SM130.6~ SM130.7	0	0	无奇偶校验位						
		0	1	偶校验						
		1	0	无奇偶校验位						
		1	1	奇校验						
P1-Config	SM130.5			0	每个字符 8 个数据位					
				1	每个字符 7 个数据位					
	SM130.2~SM130.4				0	0	0	38400bit/s		
					0	0	1	19200bit/s		
					0	1	0	9600bit/s		
					0	1	1	4800bit/s		
					1	0	0	2400bit/s		
					1	0	1	1200bit/s		

续表

S7-200 符号名	SM 地址	位格式				
P1-Config	SM130.2～SM130.4	1	1	0	115200bit/s	
		1	1	1	57600bit/s	
	SM130.0～SM130.1			0	0	PPI 从站模式
				0	1	自由端口协议
				1	0	保留
				1	1	保留

在"数据轮询"子程序程序段 1 输入图 5-109 所示端口设置程序。

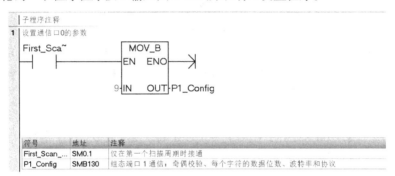

图 5-109　端口设置程序

程序分析如下。

SM0.1 为特殊寄存器，仅在第一个扫描周期时接通；仅在第一个扫描周期时设置 SMB130 端口组态参数。

MOV_B 为字节传送指令，将数值 9（二进制数据 0000 1001）传送到 SMB130 组态端口 1 配置参数寄存器。对比表 5-23 所示的 SMB130 端口组态可得出图 5-110 所示的端口参数解析。

发送和接收（RS-485/RS-232 为自由端口）介绍如下。

可使用发送（XMT，见图 5-111）和接收（RCV，见图 5-112）指令，通过 CPU 串行端口在 S7-200 SMART PLC 和其他设备之间进行通信。每个 S7-200 SMART PLC 都提供集成的 RS-485 端口（端口 0）。标准 CPU 额外支持可选 CM01 信号板 RS-232/RS-485 端口（端口 1）。

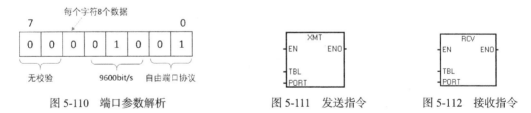

图 5-110　端口参数解析　　　图 5-111　发送指令　　　图 5-112　接收指令

发送指令（XMT）：发送指令（XMT）用于在自由端口模式下通过通信端口发送数据。具体介绍如下。

EN：模块使能（必须接通才能启用发送请求）。

TBL：数据缓冲区数据（数据缓冲区的第一个数据指明了要发送的字节数）。

PORT：端口选择（0 或 1）。

注：两个可用端口如下。

集成 RS-485 端口（端口 0）。

CM01 信号板（SB）RS-232/RS-485 端口（端口 1）。

接收指令（RCV）：接收指令（RCV）可启动或终止接收消息功能，必须为要操作的接收功能框指定开始和结束条件。通过指定端口接收的消息存储在数据缓冲区中。具体介绍如下。

EN：模块使能（必须接通才能启用接收请求）。

TBL：数据缓冲区数据（数据缓冲区的第一个数据指明了要发送的字节数）。

PORT：端口选择（0 或 1）。

注：两个可用端口如下。

集成 RS-485 端口（端口 0）。

CM01 信号板（SB）RS-232/RS-485 端口（端口 1）。

自由通信协议规范：字节长度 6bit，自由协议依次分别为字节数、变量 ID、数据类型、传输数据。自由协议规范如图 5-113 所示，自由协议设定如表 5-24 所示。

图 5-113　自由协议规范

表 5-24　自由协议设定

名称	类型	说明
字节数	整型	指明发送字节数（本字节之后的字节数）
变量 ID	1	用电量
	2	用水量
	3	用气量
	4	二氧化碳排放量
数据类型	1	Float
	2	Int
	3	Bool
传输数据	字节	字节类型存储数据

在"数据处理"子程序中通过 MOVE 传送指令实现采集数据的运算处理，将相应能耗工作站数据存储在相应寄存器 VD103（用电量）、VD110（用水量）、VD117（用气量）、VD124（二氧化碳排放量）。通过自由通信协议将存储数据依次进行传输。

在"数据轮询"子程序段 2 中输入图 5-114 所示用电量传输设定程序。

梯形图始终处于接通状态，传输长度为 6，变量 ID 为 1（用电量）、数据类型为 1（浮点型）、传输数据 VD103（用电量）。

同样方式编辑用水量（见图 5-115）、用气量

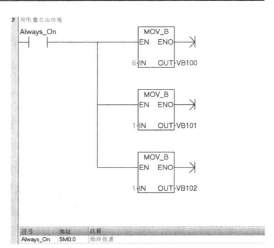

图 5-114　用电量传输设定程序

（见图 5-116）、二氧化碳排放量（见图 5-117）梯形图程序。

编程延时程序，实现用电量、用水量、用气量、二氧化碳排放量间隔轮询数据传输，如图 5-118 所示。

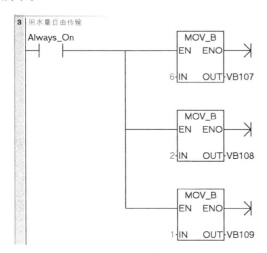

图 5-115　用水量传输设定程序

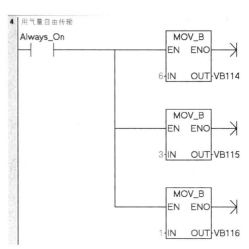

图 5-116　用气量传输设定程序

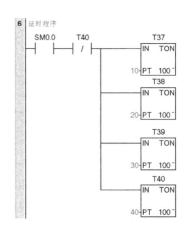

图 5-117　二氧化碳排放量传输设定程序

图 5-118　延时程序

程序分析如下。

延时接通定时器单位 100ms，T37、T38、T39、T40 定时器分别间隔 1s 启动，并且程序循环运行。

用电量发送程序如图 5-119 所示。

每次 T37 计时器接通时，自由通信协议传输 VB100（用电量）起始的缓存器数据到端口 1。同理，每次 T38、T39、T40 计时器接通传输用水量（见图 5-120）、用气量（见图 5-121）、二氧化碳排放量（见图 5-122）的起始缓存器数据到端口 1。

主程序：编辑主程序，在主程序中分别调用子程序。

子程序创建完成后，在调用子程序列表中出现子程序列表功能块，如图 5-123 所示。

在主程序中输入逻辑程序，通过主程序调用相应子程序，如图 5-124 所示。

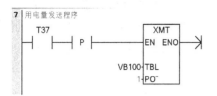

图 5-119 用电量发送程序

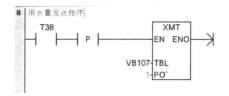

图 5-120 用水量发送程序

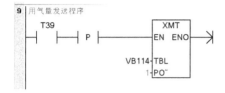

图 5-121 用气量发送程序

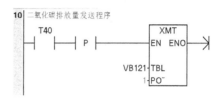

图 5-122 二氧化碳排放量发送程序

图 5-123 子程序列表

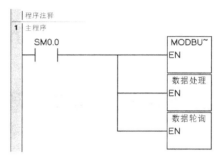

图 5-124 调用子程序

（4）分配库指令存储器。

单击菜单栏"文件"选项，选择"存储器"，在弹出的"库存储器分配"对话框中单击"建议地址"按钮，软件自动分配一个空闲的存储器地址给指令库，再单击"确定"按钮，完成库存储器分配，如图 5-125 所示。

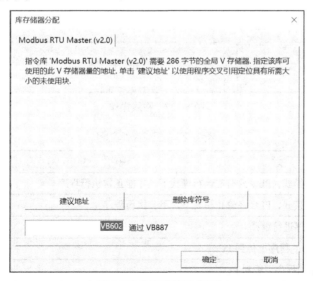

图 5-125 库存储器分配

（5）通信配置。

双击左侧项目树中的"通信"选项可进行通信连接，主要是查找或者添加在线的设备。这里要根据 PC 的网卡选择通信接口，再进行查找或者添加。如果单击"查找"，软件会自动搜索在线的设备并显示在"找到 CPU"选项下，单击设备可进行通信连接，同时可通过"编辑"按钮修改 PLC 的 IP 地址。通信配置如图 5-126 所示。

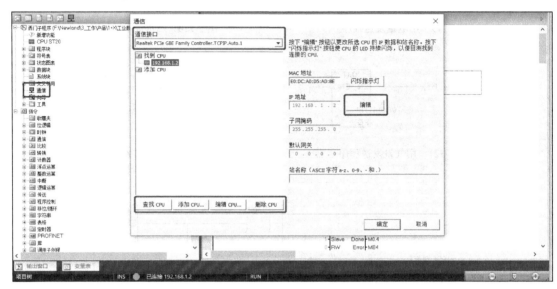

图 5-126　通信配置

（6）在线操作。

在菜单栏"PLC"菜单下，可对 PLC 进行在线操作（在线操作说明见表 5-25）。先单击"编译"按钮进行程序编译，编译无误后单击"下载"按钮，将创建的程序代码下载至 PLC 硬件设备中，如图 5-127 所示。

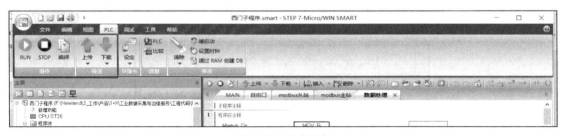

图 5-127　在线操作

表 5-25　在线操作说明

操作项	说明
RUN	PLC 运行模式，PLC 只有在运行模式下，才能正常执行程序
STOP	PLC 停止模式，PLC 在停止模式下，不会执行程序
编译	对项目程序进行编译
上传	将 PLC 中的程序上传到 PC
下载	将 PC 中的程序下载到 PLC

（7）在线监控。

在菜单栏"调试"菜单下，可对 PLC 进行在线监控。通过在线监控，实时监控 PLC 中程序的运行状态，如图 5-128 所示。

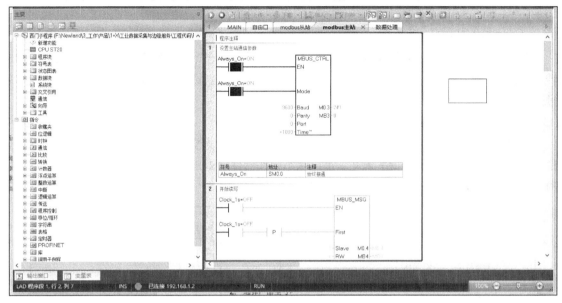

图 5-128　在线监控

3．LoRa 终端配置

（1）LoRa 终端设备连接。

步骤 1：硬件连接。

LoRa 终端配置

使用母对母串口线（见图 5-129）一端连接 LoRa 终端模块（USR-LG206）的 RS-232 端口，一端连接 RS-232 转 USB（见图 5-130）的 RS-232 端口。将 RS-232 转 USB 模块的 USB 端口连接计算机 USB 相应端口。

图 5-129　母对母串口线

图 5-130　RS-232 转 USB

步骤 2：软件通信。

打开 U 盘资料"02_工具与驱动\03_配置工具\Lora 网关配置\LG 设置软件 V1.1.6"，找到并双击运行"USR_LoRa.exe"，启动应用程序，如图 5-131 所示。

Autofac.dll	2019/8/15/周四 13:05	应用程序扩展	227 KB
Prism.pdb	2019/7/24/周三 15:13	PDB 文件	264 KB
USR_LoRa.exe	2020/5/20/周三 14:26	应用程序	320 KB
Autofac.pdb	2019/8/15/周四 13:05	PDB 文件	376 KB
Autofac.xml	2019/8/15/周四 13:05	XML 文档	462 KB

图 5-131　启动应用程序

（2）选择产品型号。

在弹出的"选择产品型号"对话框中，可以根据不同设备选择不同的产品型号，如果是 RS-485 转 LoRa 终端则选择"LG206-L-C-H10"，如果是 LoRa 网关则选择"LG210"。LoRa 终端产品型号选择如图 5-132 所示。

（3）连接串口配置。

在弹出的"连接"对话框中，设置连接串口，根据实际设置串口号、波特率、校验位、数据位和停止位（如实际设备波特率未知，上电状态长按器件"Reload"开关进入初始化状态，器件通信波特率为 115200bit/s），如图 5-133 所示。

图 5-132　LoRa 终端产品型号选择

图 5-133　串口配置

在软件主界面的菜单栏上单击"打开串口"选项，可进入配置状态，如图 5-134 所示。

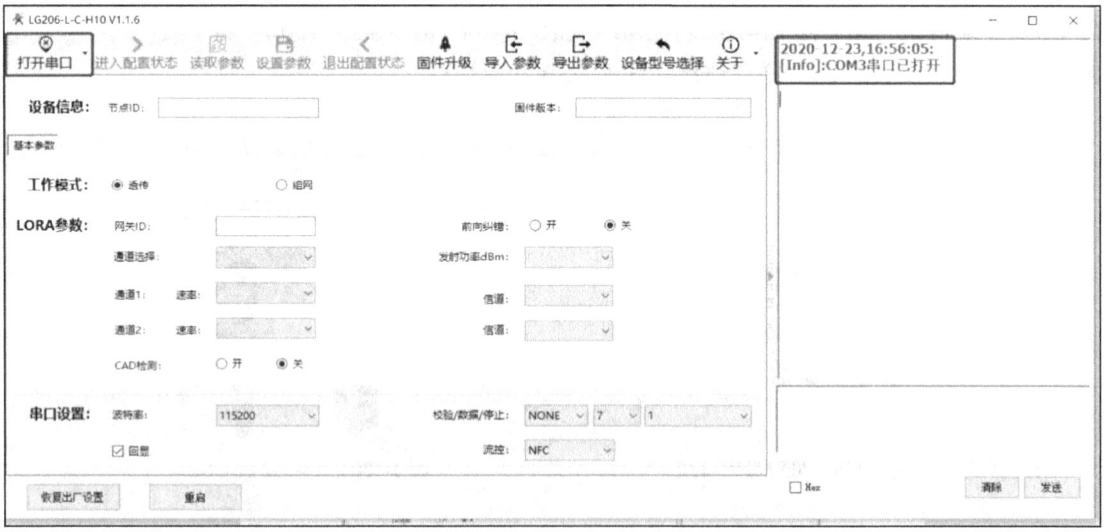

图 5-134　打开串口

（4）配置状态。

在软件主界面可以进入配置状态，进行参数读取和设置。单击"进入配置状态"选项，基本参数界面处于可编辑状态，在该状态下可配置参数。单击"读取参数"选项，读取设备中的参数并根据实际配置修改设备基本参数，如图 5-135 所示。

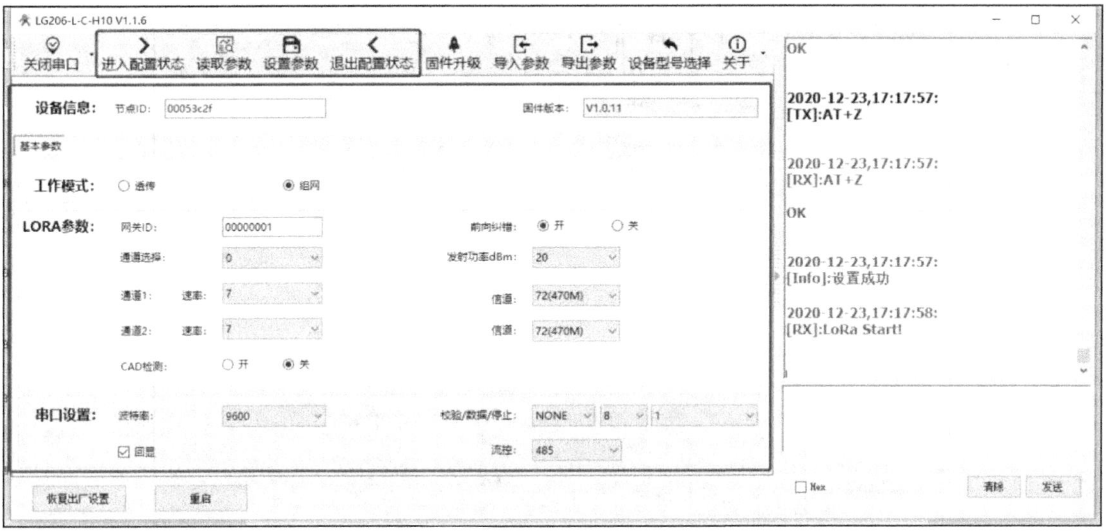

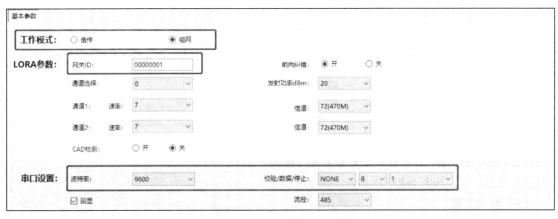

图 5-135 配置状态

（5）配置参数。

LoRa 终端在参数配置状态中，需要配置的参数如表 5-26 所示。

表 5-26 LoRa 终端的配置参数

配置项	说明
工作模式	透传，组网
LoRa 参数	网关 ID 等
串口设置	波特率，校验/数据/停止

基本参数配置详情如图 5-136 所示，包含工作模式、网关 ID（LoRa 终端与 LoRa 网关组网凭证）、串口详情。

图 5-136 基本参数配置详情

（6）参数写入。

参数设置完成后，单击"设置参数"选项将软件配置参数信息写入 LoRa 终端设备。单击

"退出配置状态"选项，退出状态。单击"重启"按钮，完成参数配置过程。参数写入如图 5-137 所示。

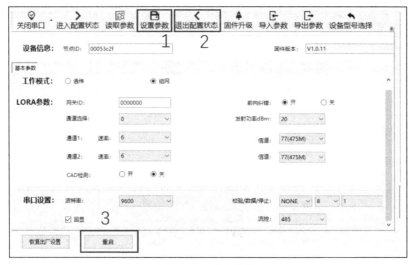

图 5-137　设置参数

4. LoRa 网关配置

（1）LoRa 网关设备连接。

步骤 1：硬件连接。

使用 RS-232 转 USB 连接线连接 LoRa 网关和计算机。使用 RS-232 转 USB 连接线的 RS-232 端口连接 LoRa 网关的 RS-232 端口的母头，将 RS-232 转 USB 模块的 USB 端口连接计算机 USB 相应端口。

LoRa 网关配置

步骤 2：软件通信。

打开 U 盘资料"02_工具与驱动\03_配置工具\Lora 网关配置\LG 设置软件 V1.1.6"，找到并双击运行"USR_LoRa.exe"，启动应用程序，如图 5-138 所示。

Autofac.dll	2019/8/15/周四 13:05	应用程序扩展	227 KB
Prism.pdb	2019/7/24/周三 15:13	PDB 文件	264 KB
USR_LoRa.exe	2020/5/20/周三 14:26	应用程序	320 KB
Autofac.pdb	2019/8/15/周四 13:05	PDB 文件	376 KB
Autofac.xml	2019/8/15/周四 13:05	XML 文档	462 KB

图 5-138　启动应用程序

（2）选择设备型号。

在弹出的"选择产品型号"对话框中，可以根据不同设备选择不同的产品型号，此时连接设备是 LoRa 网关，则选择"LG210"，如图 5-139 所示。

（3）参数配置。

根据 LoRa 终端配置过程，配置串口连接参数。依次单击"打开串口""进入配置状态""读取参数"选项，软件自动读取硬件设备的参数信息，如图 5-140 所示。

图 5-139　型号选择

图 5-140　LoRa 网关参数信息

LoRa 网关参数信息包含"基本参数""其他参数设置"两个部分。

配置 LoRa 网关基本参数如表 5-27 所示。

表 5-27　LoRa 网关基本参数

配置项	说明
工作模式	组网
组网模式	组网透传
模式配置	组网广播
LoRa 参数	网关 ID 与 LoRa 终端 ID 保持一致
串口设置	波特率，校验/数据/停止

配置 LoRa 网关其他参数如表 5-28 所示。

表 5-28　LoRa 网关其他参数

配置项	说明
服务器选择	网口
网口设置	IP 地址类型：静态 IP
网络连接	网络模式：TCP Client

其他参数设置如图 5-141 所示，配置服务器类型为"网口"，模块静态 IP 为 192.168.1.100，网络模式为 TCP Client，服务器 IP 地址/域名为 192.168.1.104，服务器端口为 80。

注意：因为将配置计算机作为服务器，所以配置计算机的 IP 地址要与服务器 IP 地址的设置一致（192.168.1.104）。

（4）参数配置。

参数设置完成后，单击"设置参数"选项将软件配置参数信息写入 LoRa 网关设备。单击"退出配置状态"选项，退出状态。单击"重启"按钮，完成参数配置过程。

图 5-141　其他参数设置

5.3.8　实训结果

实训结果

经过上述实训步骤，已经完成了能耗工作站相应的数据传输配置。在这个配置过程中，将能耗工作站的数据进行 LoRa 通信传输。接下来通过使用串口转网络调试助手来查看通过 LoRa 通信传输的数据。

（1）使用网线连接 LoRa 网关与计算机网口。

（2）打开 U 盘资料"02_工具与驱动\03_配置工具\USR-TCP232-Test-V1.3"，找到并双击运行"USR-TCP232-Test-V1.3.exe"。在"网络设置"中，配置协议类型为 TCP Server，本地 IP 地址为 192.168.1.104，本地端口号为 80，如图 5-142 所示。

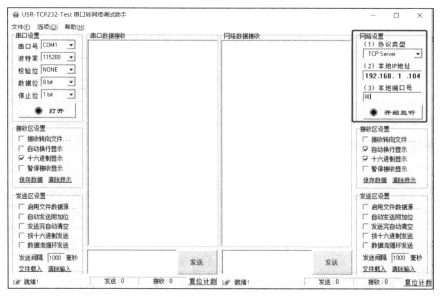

图 5-142　网络设置

其中，本地 IP 地址与本地端口号必须和 LoRa 网关中"网络连接"的设置一致。

（3）单击"开始监听"进行数据监控，可以看到连接对象 IP 地址就是 LoRa 网关 IP 地址，并且在接收区可以看到每秒接收到一条数据，如图 5-143 所示。该数据就是西门子自由口协议发送的数据，其中包含工厂能耗数据。至此，在能耗工作站中的数据就能通过 LoRa 协议成功传送至 PC 端。

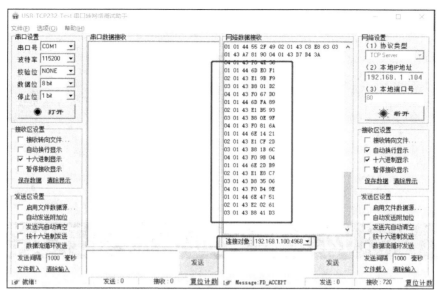

图 5-143　结果显示

第 6 章

边缘服务通信服务开发部署

6.1　任务一　Eclipse 开发工具部署应用

6.1.1　实训要求

通过本实训课程让学生:
- 了解高级语言编程;
- 掌握 Eclipse 开发工具的部署应用;
- 掌握边缘服务开发环境;
- 掌握边缘服务的打包部署。

6.1.2　实训目标

本实训课程让学生掌握 Eclipse 开发工具的部署应用,并能通过 Eclipse 的应用,掌握边缘服务开发环境的打包部署。通过实训掌握 Eclipse 开发工具的部署应用,为边缘服务 Java 程序的开发奠定基础。

6.1.3　理论基础

1. 高级语言

高级语言是一种独立于机器,面向过程或对象的语言。高级语言并不是特指的某一种具体的语言,而是包括很多编程语言,如流行的 Java、C、C++、C#、Pascal、Python 等,不同语言的语法、命令格式都不相同。

面向过程是一种以过程为中心的编程思想,就是分析出解决问题所需要的步骤,然后用函数把这些步骤一步一步实现,使用的时候一个一个依次调用就可以了。C 语言是最常见的面向过程语言。

面向对象（Object-Oriented）是一种编程范式，是满足面向对象编程的语言，一般会提供类、封装、继承等语法和概念来辅助我们进行面向对象编程。所谓的面向对象就是将我们的程序模块化、对象化，把具体事物的特性属性和通过这些属性来实现一些动作的具体方法放到一个类里面。Java、C++、C#是常见的面向对象语言。

以图 6-1 所示的例子来说明一下二者的区别。

图 6-1　把大象装进冰箱

（1）面向过程的思想。

步骤：打开冰箱、把大象装进冰箱、关闭冰箱。

编程实现：open()函数、put()函数、close()函数。

（2）面向对象的思想。

对象：大象、冰箱。

编程实现：elephant、fridge。

对象的行为：大象进冰箱、冰箱打开、冰箱关闭。

根据要求调整对象行为的顺序：冰箱打开、大象进冰箱、冰箱关闭。

编程实现：fridge.open()、elephant.put()、fridge.close()。

2．Java

Java 是一门面向对象的编程语言，不仅吸收了 C++语言的各种优点，还摒弃了 C++里难以理解的多继承、指针等概念，因此 Java 语言具有功能强大和简单易用两个特征。Java 语言作为静态面向对象编程语言的代表，极好地实现了面向对象理论，允许程序员以优雅的思维方式进行复杂的编程。

Java 具有简单性、面向对象、分布式、健壮性、安全性、平台独立与可移植性、多线程、动态性等特点。通过 Java 可以编写桌面应用程序、Web 应用程序、分布式系统和嵌入式系统应用程序等。

（1）Java 基本概念。

一个 Java 程序可以认为是一系列对象的集合，而这些对象通过调用彼此的方法来协同工作。

对象：现实世界中存在的任意一个可以被明确标识的实体。对象是类的一个实例，有状态和行为。例如，一条狗是一个对象，它的状态有颜色、名字、品种；行为有摇尾巴、叫、吃等。

类：具有同种属性的对象称为类，是抽象的概念。类是一个模板，它描述一类对象的行为和状态。比如"人"就是一个类，其中小明、小红等这些都是对象。

属性：用来描述具体某个对象的特征。描述的是对象的状态信息，通常以变量的形式进行定义。

方法：方法就是行为，一个类可以有很多方法。逻辑运算、数据修改以及所有动作都是在方法中完成的。

（2）Java 基本语法。

编写 Java 程序时，应注意以下几点。

① 大小写敏感：Java 是大小写敏感的，这就意味着标识符 Hello 与 hello 是不同的。

② 类名：对于所有的类，类名的首字母应该大写。如果类名由若干单词组成，那么每个单词的首字母应该大写，如 MyFirstJavaClass。

③ 方法名：所有的方法名都应该以小写字母开头。如果方法名含有若干单词，则后面的每个单词首字母大写。

④ 主方法入口：所有的 Java 程序由 public static void main(String[] args) 方法开始执行。

（3）Java 关键字。

Java 关键字如表 6-1 所示。

表 6-1　Java 关键字

类别	关键字	说明
访问控制	private	私有的
	public	公共的
	protected	受保护的
类、方法和变量修饰符	abstract	声明抽象
	class	类
	extends	继承
	final	最终值
	implements	实现（接口）
	interface	接口
	new	创建
	static	静态
程序控制语句	for	循环
	while	循环
	if	如果
	else	否则
	return	返回
包相关	import	导入
	package	包
基本类型	boolean	布尔型
	byte	字节型
	char	字符型
	int	整型
	float	单精度浮点型

3．Eclipse 开发工具

Eclipse 是一个跨平台开源集成开发环境（IDE）。就其本身而言，它只是一个框架和一组服务，但是通过众多插件的支持，使得它拥有较佳的灵活性，不仅能够用来进行 Java 语言的开发，也能够通过插件使其作为 C++、Python、PHP 等其他语言的开发工具。

4. Gradle 项目构建工具

构建是软件开发中不可避免的过程，如下载依赖、将源代码编译成二进制代码、打包生成二进制代码、进行单元测试、部署到生产系统。在小型项目中，开发者往往手动调用构建过程，这样做在大型的项目中很不实用，在构建过程中难以跟踪什么需要被构建，按照什么顺序构建以及项目中存在哪些依赖。使用自动化工具会使构建过程更为连续。

构建工具是指把源代码自动创建为可执行应用程序的程序（例如 Java 代码生成 JAR、Android App 生成 APK）。构建将编译、连接和代码打包合并为可用的或可执行的形式。

Gradle 是基于 Apache Ant 和 Apache Maven 概念的项目自动化建构工具。它使用一种基于 Groovy 的特定领域语言来声明项目设置，而不是传统的 XML，目前支持 Java、Groovy 和 Scala 语言。

5. Spring Boot 框架

边缘服务是基于 Spring Boot 框架开发的。Spring Boot 具备的特征如下。

● 可以创建独立的 Spring 应用程序，并且基于其 Maven 或 Gradle 插件，可以创建可执行的 JARs 和 WARs。

● 内嵌 Tomcat 或 Jetty 等 Servlet 容器。

● 提供自动配置的"starter"项目对象模型（POM）以简化 Maven 配置。

● 尽可能自动配置 Spring 容器。

● 提供准备好的特性，如指标、健康检查和外部化配置。

● 可以不使用 XML 配置文件，全部采用注解的方式开发。

综上所述，使用 Spring Boot 框架，可以简化开发的复杂性和降低开发难度，在最短时间内开发出 Java 项目。

6.1.4　实训器材

硬件需求如表 6-2 所示。

表 6-2　硬件需求

序号	名称
1	计算机 （操作系统为 Windows 10 64 位，能够连接外网）

软件需求如表 6-3 所示。

表 6-3　软件需求

序号	名称
1	网络浏览器
2	Eclipse 开发工具
3	边缘服务开发包

Eclipse 开发
工具部署

6.1.5 实训步骤

1. Eclipse 开发工具部署

（1）边缘服务提供完整的免安装开发包，工具代码在 D 盘 "EdgeServiceV1.1"
文件夹中。边缘服务开发包如图 6-2 所示。

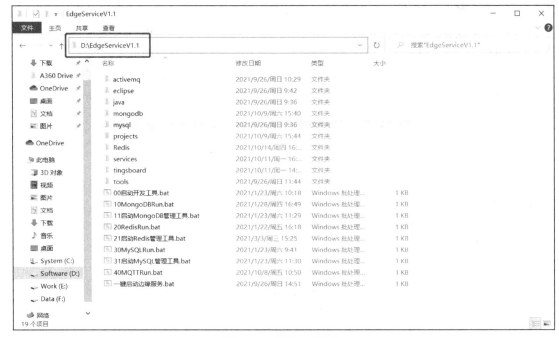

图 6-2　边缘服务开发包

（2）在 "EdgeServiceV1.1" 文件夹中，可以通过批处理命令启动 Eclipse 开发工具。批处理命令如图 6-3 所示。

```
1  @echo off
2  title 开发工具
3  @echo 正在启动开发工具...
4  cd /d %~dp0
5  set JRE_HOME=""
6  set JAVA_HOME=""
7  set CLASSPATH=""
8  set PATH=%windir%;%windir%\System32;%PATH%
9  set startDir=%cd%
10 echo %startDir%|findstr /ibe "[0-9a-z:\\\~\!\@\#\$\(\)\_\+\`\-\=\;\'\.\,]*">nul&&goto run||goto error
11 :error
12 echo 错误：不要把版本解压放在包含有中文、空格和特殊字符的目录！
13 pause
14 goto end
15 :run
16 cd "%startDir%\eclipse"
17 start eclipse.exe
18 rem 延迟关闭
19 ping 127.0.0.1 > nul
20 :end
```

图 6-3　批处理命令

代码说明如下。

① 第 4 行，更改当前目录为批处理本身的目录。

② 第 5～8 行，设置环境变量。

③ 第 9 行，设置启动路径为当前目录。

④ 第 16、17 行，进入 eclipse 根目录中，运行 eclipse.exe。

（3）双击打开 Eclipse 开发工具批处理文件"00 启动开发工具.bat"，可以启动 Eclipse 开发工具，如图 6-4 所示。

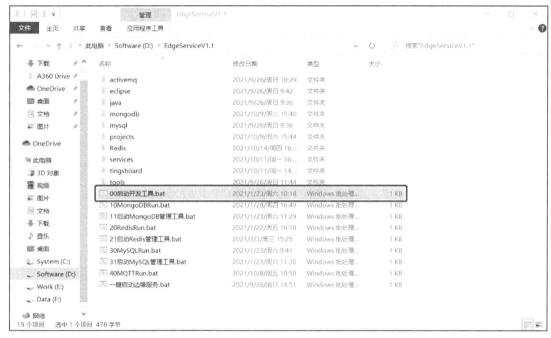

图 6-4　启动 Eclipse 开发工具

2. Eclipse 开发工具应用

（1）在 Eclipse 主界面中，依次单击"文件-新建-其他"，如图 6-5 所示，打开"选择向导"窗口。

（2）在"向导"文本框中输入"Spring"，选择"Spring Starter Project"，并单击"下一步"按钮，新建一个 Spring Boot 项目，如图 6-6 所示。

图 6-5　新建项目

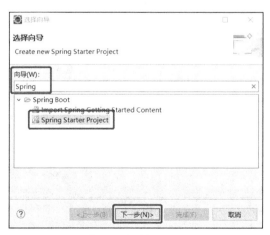

图 6-6　新建项目视图

（3）在新建项目视图中，设置服务 URL 地址为 "https://××××××.com/"，项目名称为 "test"，包名称为 "application"，项目配置如图 6-7 所示，配置完成后单击 "下一步" 按钮。

（4）在配置项目依赖视图中，勾选 "Spring Web" 复选框，并单击 "完成" 按钮，等待 Eclipse 自动新建一个 Spring Boot 项目，如图 6-8 所示。

图 6-7　项目配置

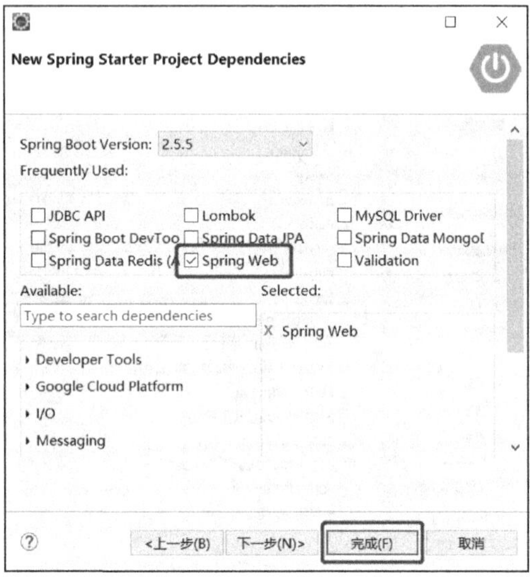

图 6-8　项目依赖配置

（5）在包资源管理器中，右键单击 "application" 包新建一个类，如图 6-9 所示。类名设置为 "Controller"，如图 6-10 所示。

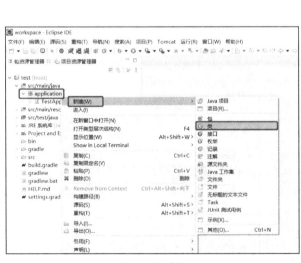

图 6-9　新建类

图 6-10　类配置

（6）在 "Controller.java" 类文件中，输入以下测试代码，这里要注意 Java 编程的相关规范。

Controller.java

```
1. package application;
2. import org.springframework.web.bind.annotation.GetMapping;
3. import org.springframework.web.bind.annotation.RestController;
4. @RestController
5. public class Controller {
6.     @GetMapping("/")
7.     public String test() {
8.         return "这是个测试";
9.     }
10. }
```

代码分析如下。

① 第4行@RestController 注解相当于@ResponseBody 和@Controller 两个注解的结合，在这里使用表明返回 JSON 格式的数据。

② 第5行@GetMapping 注解也是一个组合注解，是@RequestMapping(method = RequestMethod.GET) 的缩写。该注解是将 HTTP Get 映射到特定的处理方法上，在这里使用表明 test()方法是响应 get 请求。

（7）编写程序完成后保存。右键单击"test"项目，依次选择"运行方式-Spring Boot App"，等待服务自动运行，如图 6-11 所示。

图 6-11　运行 Spring Boot App

（8）运行成功，可以看到控制台输出的运行状态，其中 Tomcat 服务器自动启动，端口号为默认的 8080，运行结果如图 6-12 所示。

107

图 6-12　运行结果

3. 边缘服务打包部署

（1）启动 Eclipse 开发工具，在 Eclipse 工具菜单栏中依次单击"文件-导入"，导入 Application 程序包，如图 6-13 所示。

边缘服务打包部署

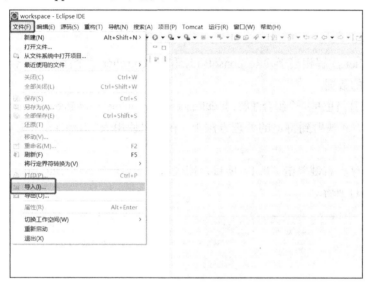

图 6-13　导入程序包

（2）在"导入"窗口中，输入导入向导名为"gradle"，选择"Existing Gradle Project"并单击"下一步"按钮，进行 gradle 项目的导入，如图 6-14 所示。

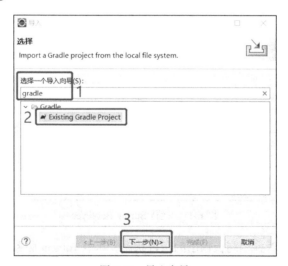

图 6-14　导入向导

（3）在 Gradle 欢迎界面中，直接单击"下一步"按钮，如图 6-15 所示。

图 6-15　Gradle 欢迎界面

（4）在 Gradle 导入界面中，导入"D:\EdgeServiceV1.1\services\ApplicationService"文件夹下的 Application 项目，如图 6-16 所示。

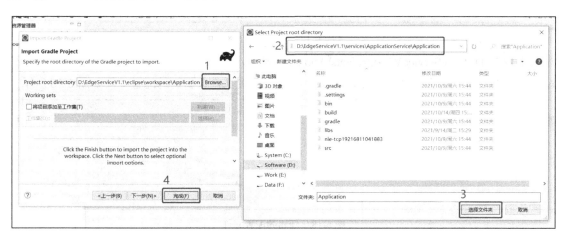

图 6-16　导入 Application 项目

（5）在构建脚本"build.gradle"的 bootJar 闭包中，修改项目的打包路径。

build.gradle

```
1. //指定jar包包名
2. baseName = 'nle.applicationservice'
3. //指定版本号
4. version = '0.1'
5. //指定打包路径
6. destinationDir = file("$rootDir/../../../projects/ApplicationService")
```

109

（6）保存项目，在 Gradle Tasks 工作台中，依次单击展开"Application-build"文件夹，双击"bootJar"，编译并打包项目，如图 6-17 所示。

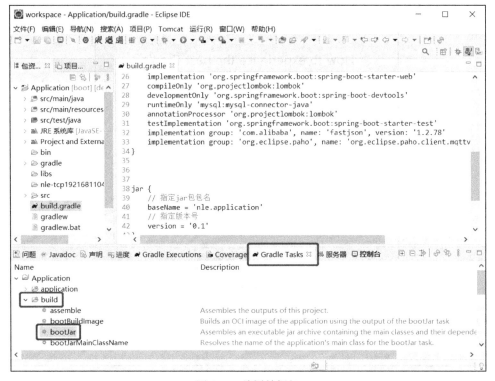

图 6-17　编译并打包

（7）在"D:\EdgeServiceV1.1\projects\ApplicationService"文件夹下新建一个名为"application"的 TXT 文档，将扩展名修改为".properties"可转为配置文件，新建的配置文件如图 6-18 所示。

图 6-18　新建的配置文件

使用记事本编辑，输入并保存以下内容。

```
1.  spring.data.mongodb.host = 127.0.0.1
2.  spring.data.mongodb.port = 27017
3.  spring.data.mongodb.database = NLE_EdgeService
4.  spring.redis.host = 127.0.0.1
5.  spring.redis.port = 6379
6.  server.port = 8084
```

配置说明如下。

① 第 1、2 行，配置 MongoDB 数据库的服务器地址和端口。

② 第 3 行，配置 MongoDB 数据库的数据库名称。

③ 第 4、5 行，配置 MQTT 消息队列服务的服务器地址和端口。

④ 第 6 行，配置 Tomcat 的端口。

（8）在"ApplicationService"文件夹下新建一个名为"applicationserviceRun"的 TXT 文档，将扩展名修改为".bat"可转为批处理文件，新建的批处理文件如图 6-19 所示。

图 6-19　新建的批处理文件

使用记事本编辑，输入并保存以下内容。

```
1. cd /d %~dp0
2. cd ..
3. cd ..
4. set startDir=%cd%
5. set JAVA_HOME=%startDir%\java
6. set PATH=%JAVA_HOME%/bin;%JAVA_HOME%/java/bin
7. cd %startDir%\projects\ApplicationService
8. start java -jar nle.applicationservice-0.1.jar
```

启动说明如下。

① 第 1 行，定位到 applicationserviceRun.bat 文件所在的目录。

② 第 2、3 行，使用"cd .."返回两次上一层目录。

③ 第 4 行，设置启动路径为当前目录。

④ 第 5 行，设置 JAVA_HOME，这里就是"java"文件夹。

⑤ 第 6 行，设置 Java 路径，这里就是"java"文件夹下的"bin"文件。

⑥ 第 7、8 行，进入 ApplicationService 文件夹，在 Java 环境下运行 JAR 包。

6.1.6　实训结果

（1）打开网络浏览器，输入 URL 地址"localhost:8080"，发起请求，可以看到"test"服务返回的结果和程序里写的一致。返回结果如图 6-20 所示。

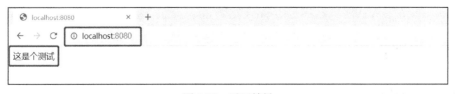

图 6-20　返回结果

（2）先双击打开 MongoDB 数据库批处理文件"10MongoDBRun.bat"，启动 MongoDB 数据库服务（见图 6-21）。再双击打开"applicationserviceRun.bat"批处理文件，启动 Application 服务，服务启动结果如图 6-22 所示。

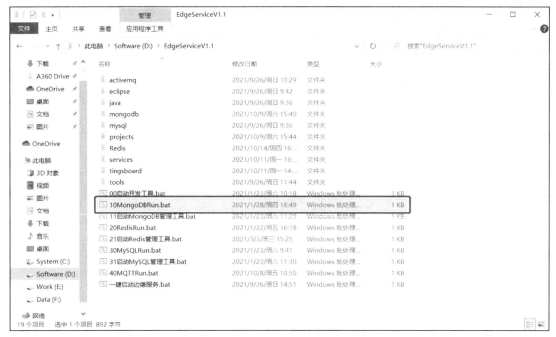

图 6-21　启动 MongoDB 数据库服务

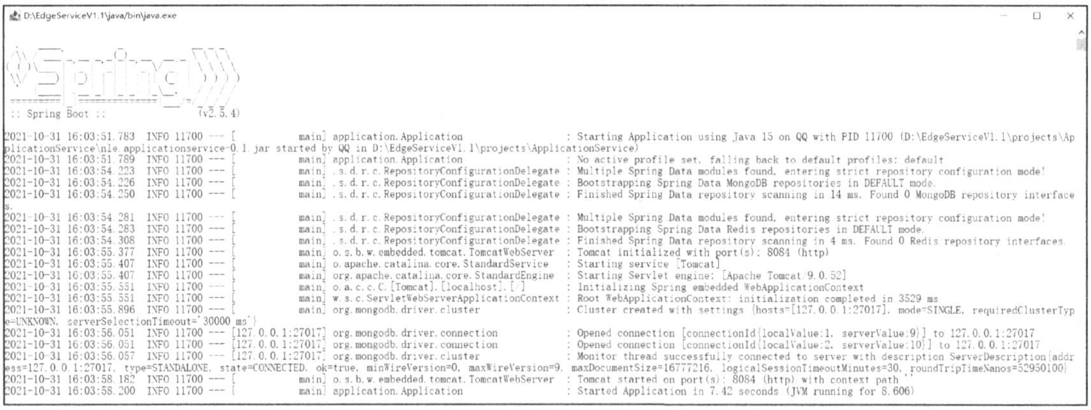

图 6-22　服务启动结果

6.2　任务二　MongoDB 数据库部署应用

6.2.1　实训要求

通过本实训课程让学生：

> ➤ 了解 MongoDB 数据库;
> ➤ 掌握 MongoDB 数据库和 NoSQLBooster 工具的部署;
> ➤ 掌握 MongoDB 客户端工具 NoSQLBooster 的应用。

6.2.2 实训目标

本实训课程让学生掌握 MongoDB 数据库和 NoSQLBooster 工具的部署,并能通过 MongoDB 客户端工具 NoSQLBooster 的应用,进行采集数据的模型配置。通过实训掌握 MongoDB 数据库的部署应用,配置数据采集的站点和点位。

6.2.3 理论基础

1. MongoDB 数据库

NoSQL(Not Only SQL,非关系型数据库),在大规模的 Web 应用发展中满足非关系型、分布式、开源等需求,可处理超大量的数据。MongoDB 就是 NoSQL 的代表。

MongoDB 是由 C++ 语言编写的,是一个基于分布式文件存储的开源数据库系统。MongoDB 将数据存储为一个文档,数据结构由键值对组成。MongoDB 文档类似于 JSON 对象,字段值可以包含其他文档、数组及文档数组。

MongoDB 的主要特点如下。

● MongoDB 是一个面向文档存储的数据库,安装、操作简单。

● MongoDB 支持丰富的查询表达式,查询指令使用 JSON 形式的标记,可轻易查询文档中内嵌的对象及数组。

● MongoDB 支持各种编程语言,如 Ruby、Python、Java、C++、PHP、C# 等。

MongoDB 数据逻辑结构如下。

文档(Document):相当于关系数据库中的一行记录。

集合(Collection):多个文档组成一个集合,相当于关系数据库中的一张表。

数据库(DataBase):多个集合组织构成数据库。

MongoDB 数据逻辑结构如图 6-23 所示。

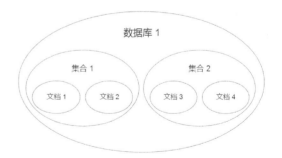

图 6-23　MongoDB 数据逻辑结构

2. NoSQLBooster 工具

NoSQLBooster for MongoDB(MongoBooster)是一款以 Shell 为中心的跨平台 GUI 工具,适用于 MongoDB V2.6 ~ MongoDB V4.4 数据库,它能提供全面的服务器监控工具、查询构建器、SQL 查询、查询代码、任务调度服务器监控工具等,可在 Windows、macOS 和 Linux 等平台运行。

6.2.4 实训器材

硬件需求如表 6-4 所示。

表 6-4　硬件需求

序号	名称
1	计算机 （操作系统为 Windows 10 64 位，能够连接外网）

软件需求如表 6-5 所示。

表 6-5　软件需求

序号	名称
1	NoSQLBooster 工具
2	边缘服务开发包

6.2.5　实训步骤

1. MongoDB 数据库服务部署

（1）在"D:\EdgeServiceV1.1\mongodb"文件夹中，可以通过配置文件 mongo.conf 进行 MongoDB 数据库服务配置。配置文件如图 6-24 所示。

```
1  #数据库路径
2  dbpath=..\data\db
3  #日志路径
4  #logpath=D:\ApplicationFiles\program\mongodb-win32-x86_64-2012plus-4.2.0\logs\mongo.log
5  #端口号 默认27017
6  port=27017
```

图 6-24　配置文件

然后通过批处理文件 start.bat 加载配置文件，同时启动 MongoDB 数据库服务。批处理文件如图 6-25 所示。

```
1  cd bin
2  mongod --config "..\mongo.conf"
```

图 6-25　批处理文件

代码说明如下。

进入 bin 目录中，加载配置文件 mongo.conf，运行 mongod.exe。

（2）在 D 盘"EdgeServiceV1.1"文件夹中，可以通过批处理命令启动 MongoDB 数据库服务。批处理命令如图 6-26 所示。

```
1   @echo off
2   title Mongodb Ctrl+C键结束服务
3   @echo 正在启动Mongodb...
4   @echo .
5   @echo ...小提示
6   @echo .
7   @echo . Mongodb默认参数
8   @echo . 主机名/IP: 127.0.0.1
9   @echo . 用户名:
10  @echo . 密码:
11  @echo . 端口: 27017
12  @echo .
13  @echo .
14  cd /d %~dp0
15  set startDir=%cd%
16  cd "%startDir%\mongodb"
17  call start.bat
```

图 6-26　批处理命令

代码说明如下。

第 16、17 行，进入 mongodb 根目录中，运行 start.bat。

（3）双击打开 MongoDB 数据库批处理文件"10MongoDBRun.bat"，可以启动 MongoDB 数据库服务，如图 6-27 所示。

图 6-27 启动 MongoDB 数据库服务

2. NoSQLBooster 工具部署

（1）在 D 盘"EdgeServiceV1.1"文件夹中，可以通过批处理命令启动 NoSQLBooster 工具。批处理命令如图 6-28 所示。

```
1  @echo off
2  title MongoDB管理工具
3  @echo 正在启动MongoDB工具...
4  cd /d %~dp0
5  set startDir=%cd%
6  echo %startDir%|findstr /ibe "[0-9a-z:\\\~\!\@\#\$\(\)\_\+\`\`-\=\;\'\`.\,]*">nul&&goto run||goto error
7  :error
8  echo 错误：不要把版本解压放在包含有中文、空格和特殊字符的目录！
9  pause
10 goto end
11 :run
12 cd "%startDir%\tools\nosqlbooster4mongo"
13 start NoSQLBooster4MongoDB.exe
14 rem 延迟关闭
15 ping 127.0.0.1 > nul
16 :end
```

图 6-28 批处理命令

代码说明如下。

第 12、13 行，进入 nosqlbooster4mongo 根目录中，运行 NoSQLBooster4MongoDB.exe。

（2）双击打开 MongoDB 数据库工具批处理文件"11 启动 MongoDB 管理工具.bat"，可以启动 NoSQLBooster 工具，如图 6-29 所示。

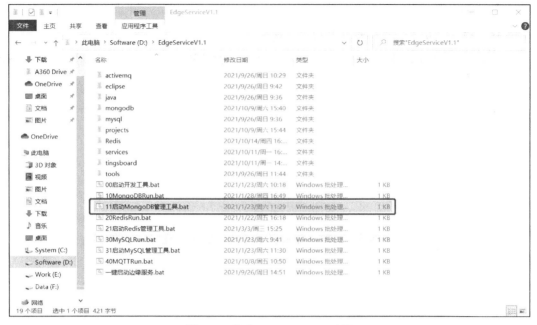

图 6-29　启动 NoSQLBooster 工具

3. NoSQLBooster 工具应用

（1）在 NoSQLBooster 主界面中，通过单击"Connect"选项，可打开连接界面，如图 6-30 所示，实现连接的新建、编辑、删除、测试以及导入导出等功能。

MongoDB
工具应用

图 6-30　连接界面

（2）在连接界面中，单击"Create"选项，可以新建一个连接，在弹出的连接信息界面，需要配置服务器地址（localhost）、端口（27017）、连接名称等，如图 6-31 所示。

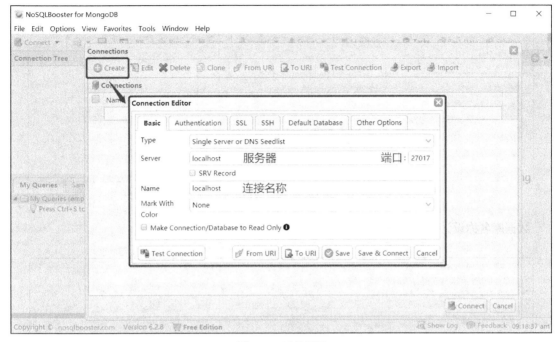

图 6-31　连接配置

（3）在连接界面上，单击"Test Connection"按钮，可以进行数据库连接测试，无红色报错信息代表连接正常，如图 6-32 所示。关闭测试界面，单击"Save & Connect"按钮，可以保存配置并连接数据库。

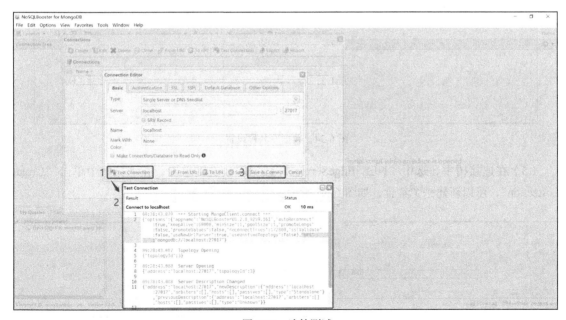

图 6-32　连接测试

（4）在连接树（Connection Tree）中，选中"localhost"连接，右键单击，在下拉框中单击"Create Database"，可以新建一个数据库，如图 6-33 所示。

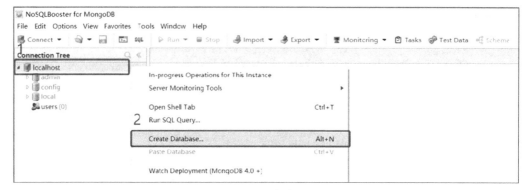

图 6-33　新建数据库

数据库名称设为"NLE_EdgeService"，如图 6-34 所示。

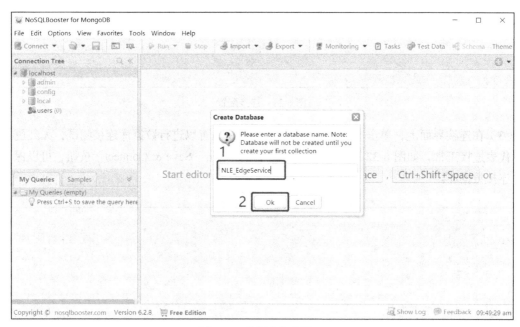

图 6-34　数据库名称设置

（5）在连接树中，选中"NLE_EdgeService"数据库，右键单击，在下拉框中单击"Create Collection"，可以新建一个集合，如图 6-35 所示。

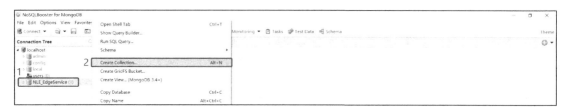

图 6-35　新建集合

将第一个集合名称设置为"Station"，如图 6-36 所示。

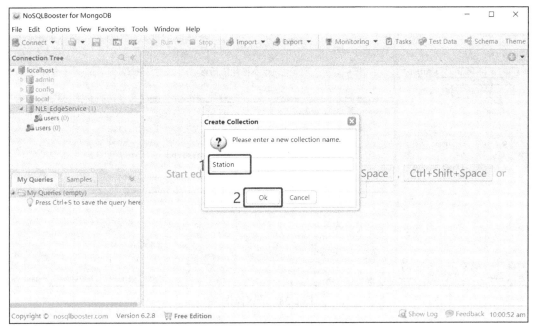

图 6-36　第一个集合名称设置

将第二个集合名称设置为"Point"，如图 6-37 所示。

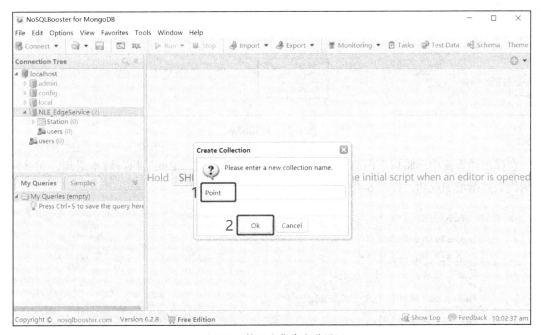

图 6-37　第二个集合名称设置

（6）在连接树中，双击"Station"集合，可以查看集合中的数据以及通过脚本语句执行区对集合中的数据进行增删改查等操作，如图 6-38 所示。

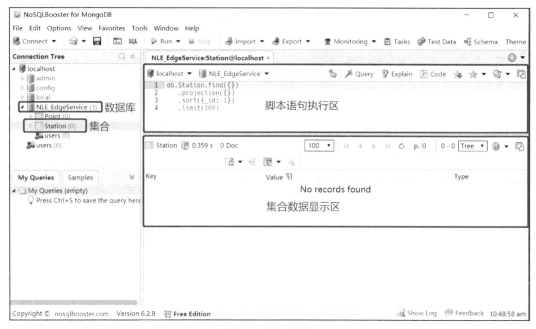

图 6-38　分区操作

（7）在连接树中，右击"Station"集合，在下拉框中单击"Create/Update/Remove Documents-Insert Documents"，可以新建一个增加数据的脚本语句，如图 6-39 所示。

图 6-39　增加脚本

在弹出的界面中，将以下内容输入脚本语句执行区，单击"Run"执行脚本语句，无异常信息则代表数据增加成功，如图 6-40 所示。

```
1. db.Station.insert([{
2.     "name":"Wi-Fi",
3.     "label":"Wi-Fi 终端",
4.     "protocol":"modbus:tcp",
5.     "address":"192.168.1.26:502",
6.     "driver":"plc4x",
7.     "desc":"Wi-Fi 采集卡",
8. }])
```

返回查询数据界面，单击"Run"执行查询数据脚本语句，集合数据显示区正常显示一条数据，如图 6-41 所示。

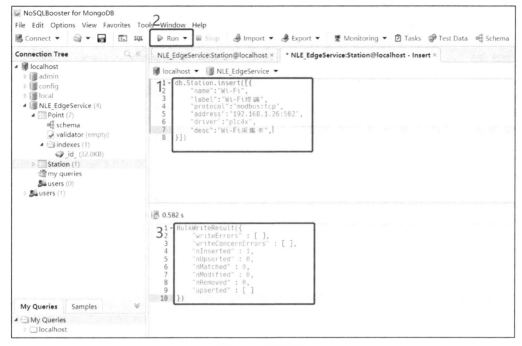

图 6-40　运行脚本

图 6-41　查询数据

单击"Create/Update/Remove Documents-Update Documents",可以新建一个更新数据的脚本语句。

在弹出的界面中,将以下内容输入脚本语句执行区,单击"Run"执行脚本语句,无异常信息则代表数据更新成功,如图 6-42 所示。

```
1. db.Station.update({name:"Wi-Fi"},
2.     {$set:{
3.         "address":"192.168.1.27:502",
4.     }
5. })
```

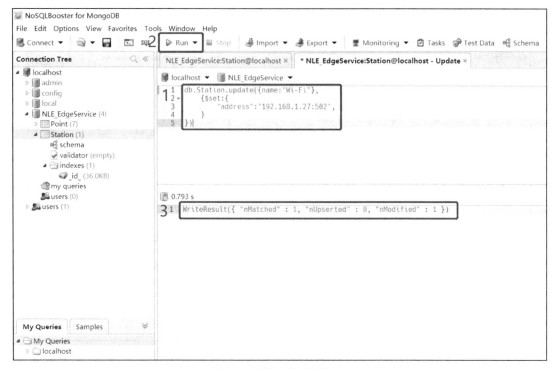

图 6-42　增加更新数据脚本

返回查询数据界面，单击"Run"执行查询脚本语句，可以看到数据的 IP 地址已经被更新为 192.168.1.27:502，如图 6-43 所示。

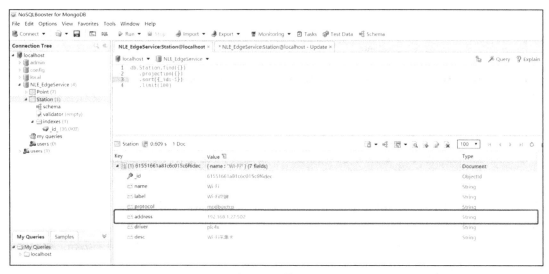

图 6-43　更新地址

单击"Create/Update/Remove Documents- Remove Documents"，可以新建一个删除数据的脚本语句。

在弹出的界面中，将以下内容输入脚本语句执行区，单击"Run"执行脚本语句，无异常信息则代表数据删除成功，如图 6-44 所示。

```
1.  db.Station.remove({
2.      "address":"192.168.1.27:502",
3.  })
```

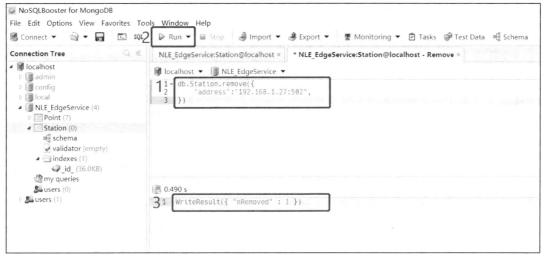

图 6-44　增加删除数据脚本

返回查询数据界面，单击"Run"执行查询脚本语句，可以看到 IP 地址为 192.168.1.27:502 的数据已经被删除，如图 6-45 所示。

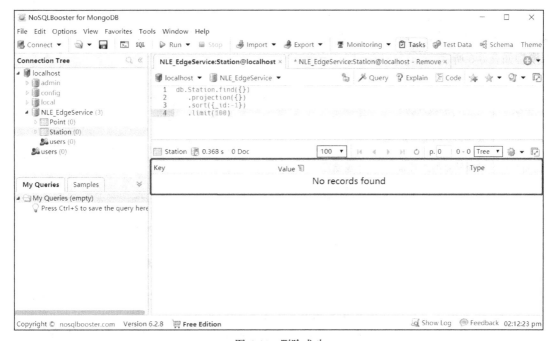

图 6-45　删除成功

上面所述的对于集合数据的增加、更新及删除操作，也可以在集合数据显示区直接操作（见图 6-46），脚本语句与上述的一致，这里不再进行详细说明。

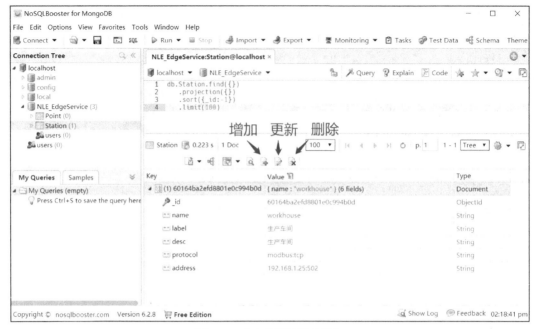

图 6-46　集合数据显示区操作

4. MongoDB 数据库模型配置及导入

根据数据采集的整体要求，MongoDB 数据库保存采集点的参数配置，所以物理数据模型需要配置两个集合。

集合"Station"存储采集站点的配置，"Station"中应包含站点的基本信息，如英文名称、中文标签、通信协议、协议地址、通信驱动以及说明等。采集站点模型如表 6-6 所示。

MongoDB 数据库模型配置及导入

表 6-6　采集站点模型

字段	字段说明	配置说明
id	采集站点的唯一识别码	必选项。 指定站点 id，比如 LoRa 网关为 1，OPC UA 服务器为 2，智能网关为 3
name	采集站点英文名称	必选项。
label	采集站点中文标签	可选项。
protocol	采集站点通信协议	必选项。 目前可配置的协议有 mqtt、modbus:tcp、opcua:tcp
address	采集站点协议地址	必选项。 （1）Protocol 为 mqtt 时，address 必须设置为对应发布的主题名（Topic），比如/mytopic。 （2）Protocol 为 modbus:tcp 时，address 必须设置为对应的"IP 地址:端口号"格式，比如 192.168.1.25:502。 （3）Protocol 为 opcua:tcp 时，address 必须设置为"IP 地址:端口号?discovery 可选参数"格式，比如 192.168.1.40:4840?discovery=false
driver	采集站点通信驱动	必选项。 目前可配置的驱动有 mqtt 和 plc4x
desc	采集站点说明	可选项。

集合"Point"存储采集点位的配置,"Point"中应包含点位的基本信息,如英文名称、中文标签、内存地址、数据类型以及关联的采集站点。采集点位模型如表 6-7 所示。

表 6-7　采集点位模型

字段	字段说明	配置说明
id	采集点位的唯一识别码	必选项。 由 MongoDB 自动生成
station	采集点位关联的采集站点	必选项。 此处设置"Station"集合中的"id"值
name	采集点位英文名称	必选项
label	采集点位中文标签	可选项
address	采集点位内存地址	必选项。 (1)Station 的协议为 mqtt 时,address 配置规范如下。 变量"用电量"对应的 point address 为 1。 变量"用水量"对应的 point address 为 2。 变量"用气量"对应的 point address 为 3。 变量"二氧化碳排放量"对应的 point address 为 4。 (2)Station 的协议为 modbus:tcp 时,address 配置规范如下。 　　　　{memory-Area}{start-address}:{data-type} {memory-Area}:存储区,对应 Modbus 协议的 4 种点类型 0(coil:)、1(discrete-input:)、3(input-register:)、4(holding-register:)。 {start-address}:偏移地址,1~65535 的地址。 {data-type}:数据类型,对应有 BOOL、INT、REAL 等。 比如 Modbus 地址 40001 的浮点型数据对应的 address 是"40001:REAL"或"holding-register:1:REAL"。 (3)Station 的协议为 opcua:tcp 时,address 配置规范如下。 opcua 服务器的 NodeID 值即对应的 point address 值。 比如 ns=4;s=|var|CODESYS Control for Raspberry Pi SL.Application.PLC_PRG.run
valueType	采集点位数据类型	必选项。 目前可配置的数据类型有 INTEGER、FLOAT、BOOL
comment	采集点位说明	可选项

(1)在主界面工具栏中,单击"Import"或"Export"选项,可以实现集合数据导入或导出,如图 6-47 所示。

图 6-47　导入或导出

（2）单击"Import"选项，选择"Import from JSON and CSV files"，打开导入数据界面，如图 6-48 所示。

图 6-48　导入数据界面

（3）在导入数据界面中，单击"Add File"选项，查找并选中 E 盘资料"04_DEMO 程序代码\06_MongoDB 数据库配置"中的模板文件，单击"打开"按钮，如图 6-49 所示。

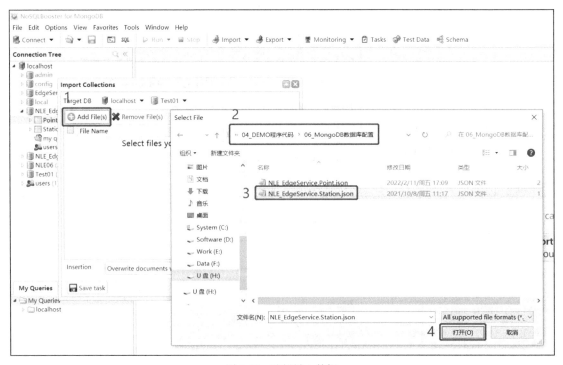

图 6-49　选择导入数据

（4）在导入数据界面中，修改集合的名称为"Station"，并单击"Execute"按钮，等待软件自动导入，如图 6-50 所示。

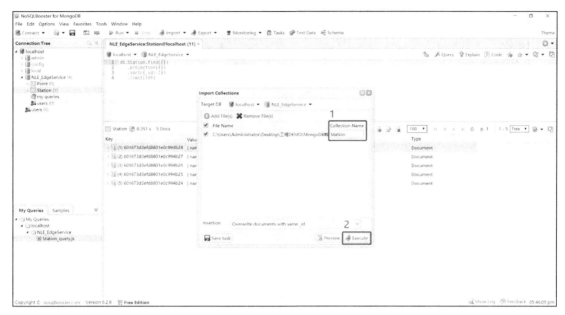

图 6-50　导入

（5）导入成功，双击集合"Station"，可以查看集合数据，如图 6-51 所示。

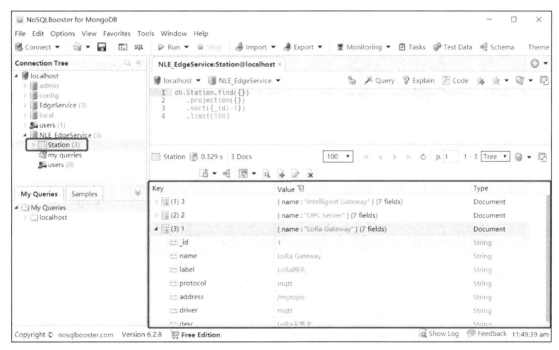

图 6-51　查看集合数据

（6）同理，在"Point"集合下，导入并查看采集数据点的基本信息，如图 6-52 所示。

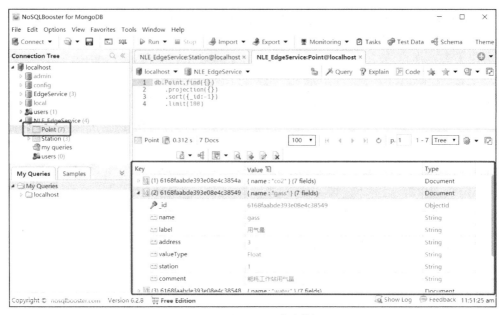

图 6-52　导入 Point 集合数据

6.2.6　实训结果

（1）完成 MongoDB 数据库服务的部署，数据库服务能正常启动，可以看到端口号为 27017。运行结果如图 6-53 所示。

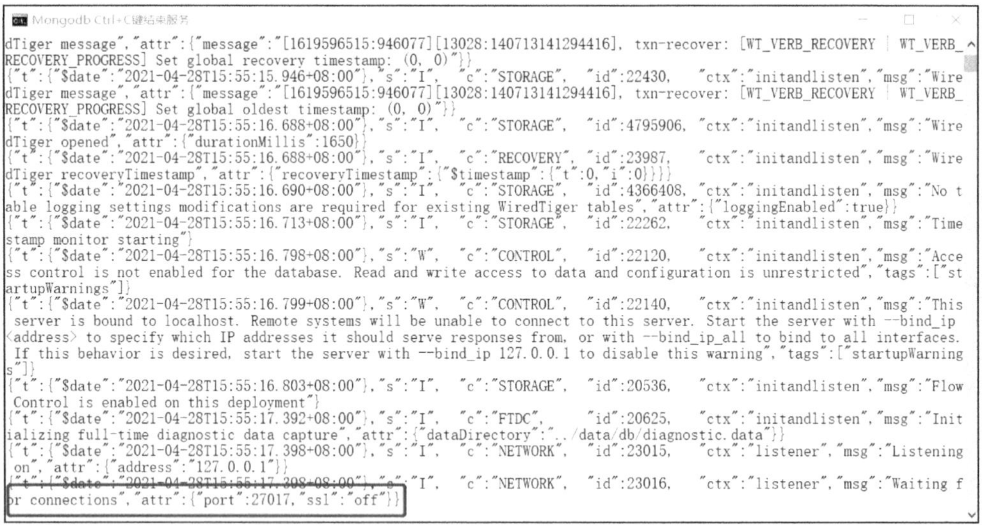

图 6-53　运行结果

（2）完成 MongoDB 客户端工具 NoSQLBooster 的部署，软件能正常启动，可以看到软件主界面，如图 6-54 所示。

（3）完成采集数据的模型配置导入，并能通过 NoSQLBooster 进行"Station"和"Point"集合数据的"增删改查"。数据配置如图 6-55 所示。

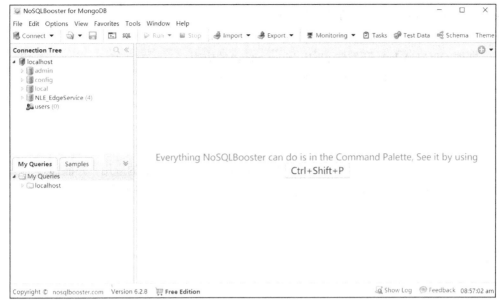

图 6-54　软件主界面

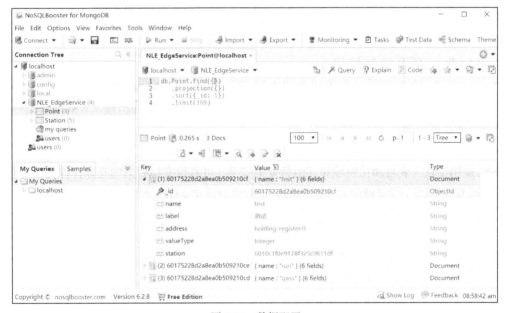

图 6-55　数据配置

6.3　任务三 PLC4X 通信服务开发

6.3.1　实训要求

通过本实训课程让学生：

➢ 　了解 PLC4X 库；

> 了解 Modbus TCP 通信协议、OPC UA；
> 掌握 Modbus TCP Java 开发包 plc4j-driver-modbus 的应用；
> 掌握 OPC UA Java 开发包 plc4j-driver-opcua 的应用；
> 掌握 Modbus TCP 与 OPC UA 通信服务的开发。

6.3.2　实训目标

本实训课程让学生掌握 plc4j-driver-modbus 和 plc4j-driver-opcua 的应用，并能通过 Eclipse 开发工具，进行 Modbus TCP 与 OPC UA 通信服务的开发。通过通信服务的开发，实现边缘服务数据采集。

6.3.3　理论基础

1. PLC4X

PLC4X 是一组开源的 Java 开发库，可与使用各种通信协议但具有公共应用程序接口的设备和 PLC 进行通信，可简单理解为一个工业互联网通用协议适配器，支持 Modbus TCP、OPC UA、S7 等协议结构。

2. Modbus TCP 通信协议

Modbus TCP 通信协议通过 TCP/IP 和以太网在站点间传送 Modbus 报文，Modbus 报文被封装在以太网 TCP/IP 数据包中。与串口方式的 Modbus RTU 相比，报文结构不再带有数据校验和地址，增加了 Modbus 应用协议（MBAP）报文头。

3. OPC UA

OPC 是用于在工业自动化领域和其他行业中安全、可靠地交换数据的互操作性标准。它独立于平台，确保来自多个供应商的设备之间的信息的无缝流动。OPC 标准是由行业供应商、最终用户和软件开发人员开发的一系列规范。这些规范定义了客户端和服务器以及服务器和服务器之间的接口，包括访问实时数据、监控报警和事件、访问历史数据和其他应用程序。OPC UA 是一个独立于平台的、面向服务的架构规范，它集成了所有来自现有 OPC Classic 规范的功能，为更安全和可扩展的解决方案提供了迁移路径。

4. plc4j-driver-modbus

Modbus TCP 驱动程序，通过 Java 编程开发，可实现基于 Modbus TCP 的通信连接、数据读写等操作。

5. plc4j-driver-opcua

OPC UA 驱动程序，通过 Java 编程开发，可实现基于 OPC UA 架构的通信连接、数据读写等操作。

6.3.4　实训器材

硬件需求如表 6-8 所示。

表6-8　硬件需求

序号	名称
1	计算机 （操作系统为 Windows 10 64 位，能够连接外网）
2	网关数据采集卡
3	OPC UA 服务器
4	生产车间工作站
5	电源线、信号线、网线

软件需求如表 6-9 所示。

表6-9　软件需求

序号	名称
1	Eclipse 开发工具
2	边缘服务开发包
3	EdgeLink Studio
4	UaExpert

6.3.5　实训步骤

通信协议转换

1. 数据采集通信检查及配置

（1）检查 Wi-Fi 数据采集卡与物流工作站通信是否正常。

（2）检查网关数据采集卡与生产车间工作站、温湿度传感器、电表以及 RFID 通信是否正常。

（3）检查边缘服务器与 AP 管理器及智能网关通信是否正常。

（4）通信协议转换。

通信协议转换对工业网关在网络层进行数据传输有着重要作用，通过工业网关协议转换功能将工业现场不同设备的异构数据进行统一格式转换并传输。

ECU-1251 支持多种标准协议，如 Modbus、WASCADA、OPC UA 等，如图 6-56 所示，可以实现 ECU-1251 与下部采集设备以及上部中央设备之间的通信。

Modbus 服务实现了从标签到 Modbus 地址的映射，从而允许上位机上的客户端通过 Modbus TCP 或 Modbus RTU 读取/写入标签。

① Modbus TCP 配置。

端口号：设置 Modbus TCP 监听的端口号。默认值为 502。

最大连接数：设置可以同时连接的最大用户数。默认值为 4，这意味着最多 4 个客户端可以同时通过 Modbus TCP 访问设备。

空闲时间：指定客户端不写入/读取数据的最长时间，建立 TCP 连接后与服务器通信。默认值是 120s。之后客户端将自动断开连接从服务器。如果将此值设置为 0，则永远不会断开服务器连接。

Modbus TCP 配置如图 6-57 所示。

图 6-56　协议服务　　　　　　　　　图 6-57　Modbus TCP 配置

② Modbus 地址映射。

为了让 Modbus 客户端可以访问到设备上的 Tag 点，需要将 Tag 点映射到对应的 Modbus 地址上，如图 6-58 所示，配置步骤如下。

a. 双击 Modbus 地址列表中有"双击此处添加点"的单元格。

b. 选择要加入 Modbus 地址列表的 Tag 点，可以一次选择多个点。

c. 选择映射的点类型和数据类型，此项操作会应用到所有已选择的点。

d. 单击"确定"按钮添加已选择的点到地址列表中。

e. 重复上述操作可添加更多的点到地址列表，如图 6-59 所示。

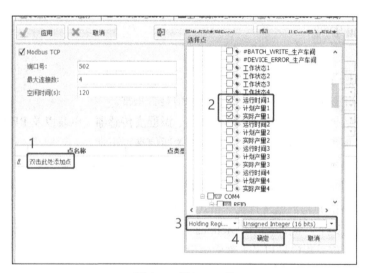

图 6-58　添加 Tag 点

● 点类型：有 4 种类型，即 Input Register、Holding Register、Input Status、Coil Status，分别对应 Modbus 协议的 4 种点类型 3、4、1、0。

● 数据类型：主要有整数和浮点数两大类：整数类型按有无符号以及位数（16、32、64）的排列组合一共可分为 6 种；浮点数类型分为单精度（Float）和双精度（Double）2 种。

	点名称	点类型	地址	Modbus地址	数据类型
1	运行时间1	Holding Register	0005	40005	Unsigned Integer (16 bits)
2	计划产量1	Holding Register	0006	40006	Unsigned Integer (16 bits)
3	实际产量1	Holding Register	0007	40007	Unsigned Integer (16 bits)
*	双击此处添加点				

图 6-59　Modbus 地址列表

2．项目新建及配置

（1）启动 Eclipse 开发工具，新建一个 Spring Boot 项目，设置项目名称为 "CommunicationService"，设置包名称为 "com.nle.edgeservice"，项目配置如图 6-60 所示，配置完成后单击"下一步"按钮。

项目新建及配置

（2）在配置项目依赖界面，勾选 "Spring Web" 复选框，并单击"完成"按钮，如图 6-61 所示，等待 Eclipse 自动新建一个 Spring Boot 项目。

图 6-60　项目配置

图 6-61　项目依赖配置

（3）右键单击项目，依次选择"新建-文件夹"，即可新建一个文件夹（见图 6-62），设置文件夹名为 "libs"（见图 6-63）。

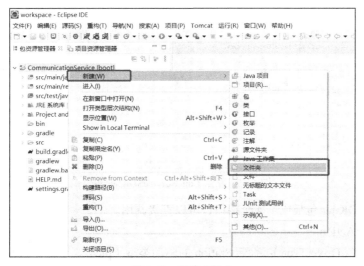

图 6-62　新建文件夹

133

图 6-63　设置文件夹名

（4）将"D:\EdgeServiceV1.1\services"文件夹下的"EdgeServiceSDK.jar"包复制到"libs"文件夹中，操作如图 6-64、图 6-65 所示。

图 6-64　复制 EdgeServiceSDK.jar 包

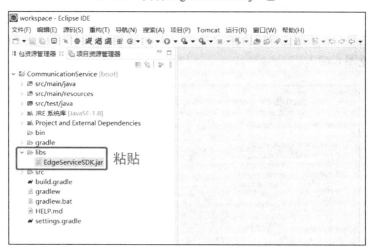

图 6-65　粘贴 EdgeServiceSDK.jar 包

EdgeServiceSDK.jar 包集成了 4 个接口，可以直接调用。

① GetStationAction。

SetDriverType（DriverType）：判断 Station 的驱动类型（plc4x、mqtt、all）。

Run()：获取 MongoDB 数据库 Station 集合中指定驱动类型的文档数据。

② GetPointAction。

setStation（Station）：获取 Station 信息。

Run()：获取 MongoDB 数据库 Point 集合中指定 Station 的文档数据。

③ SetValueAction。

setPoint（Point）：获取要存储的 Point 信息。

Run()：将 Point 存储到 Redis 数据库。

④ GetValueAction。

setPoint（Point）：获取要读取的 Point 信息。

Run()：从 Redis 数据库获取 Point。

（5）在构建脚本"build.gradle"的 dependencies 闭包中，定义项目依赖的 JAR 包配置。

build.gradle

```
1. implementation group: 'org.apache.plc4x', name: 'plc4j-api', version: '0.9.1'
2. implementation group: 'org.apache.plc4x', name: 'plc4j-driver-modbus', version:
'0.9.1'
3. implementation group: 'org.apache.plc4x', name: 'plc4j-driver-opcua', version:
'0.9.1'
4. implementation group: 'org.apache.httpcomponents', name: 'httpclient', version:
'4.5.13'
5. implementation group: 'com.alibaba', name: 'fastjson', version: '1.2.78'
6. implementation fileTree(dir: 'libs', include: ['*.jar'])
```

代码分析如下。

① implementation 表示依赖不传递，即将依赖隐藏在内部，而不对外部公开。

② group 表示依赖包的组织名，name 表示依赖包的名称，version 表示依赖包的版本。相关依赖包信息可从 Maven Repository 网站上查询、获取，如图 6-66 所示。

图 6-66　依赖包查询、获取

③ 第 6 行，表示编译"libs"文件夹下的 JAR 包。

（6）保存配置，右键单击"build.gradle"，在下拉框中依次单击"Gradle-Refresh Gradle Project"，刷新配置文件（见图 6-67），并查看远程依赖的 JAR 包是否正常下载，SDK 包是否成功引用（见图 6-68）。

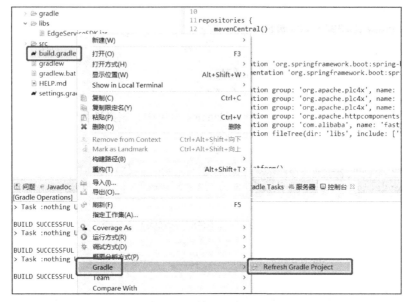

图 6-67　刷新 build.gradle

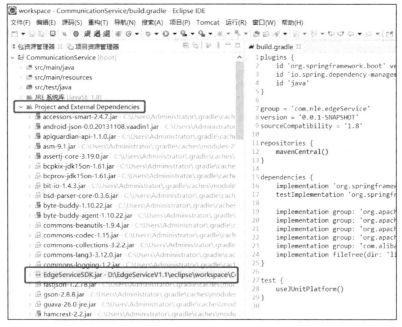

图 6-68　查看下载的依赖包

3. PLC4X 驱动开发

（1）在包资源管理器中，右键单击"com.nle.edgeservice"包并新建一个包（见图 6-69），包名设置为"com.nle.edgeservice.plc4x"（见图 6-70）。

Plc4x 通信服务开发

图 6-69　新建包

（2）在包资源管理器中，右键单击"plc4x"包新建一个类，类名设置为"Plc4xDriver"，如图 6-71 所示。

图 6-70　包配置

图 6-71　新建类配置

（3）在"Plc4xDriver.java"类文件中，声明以下类别。

Plc4xDriver.java

```java
1. import java.util.HashMap;

2. import java.util.concurrent.ExecutionException;

3. import org.apache.plc4x.java.PlcDriverManager;

4. import org.apache.plc4x.java.api.PlcConnection;
```

```
5. import org.apache.plc4x.java.api.exceptions.PlcConnectionException;
6. import org.apache.plc4x.java.api.messages.PlcReadRequest;
7. import org.apache.plc4x.java.api.messages.PlcReadResponse;
8. import org.springframework.stereotype.Component;
9. import sdk.v1.*;
```

（4）在"Plc4xDriver.java"类文件中添加"@Component"注解，如图 6-72 所示。通过该注解可以将类实例化到 Spring 容器中。

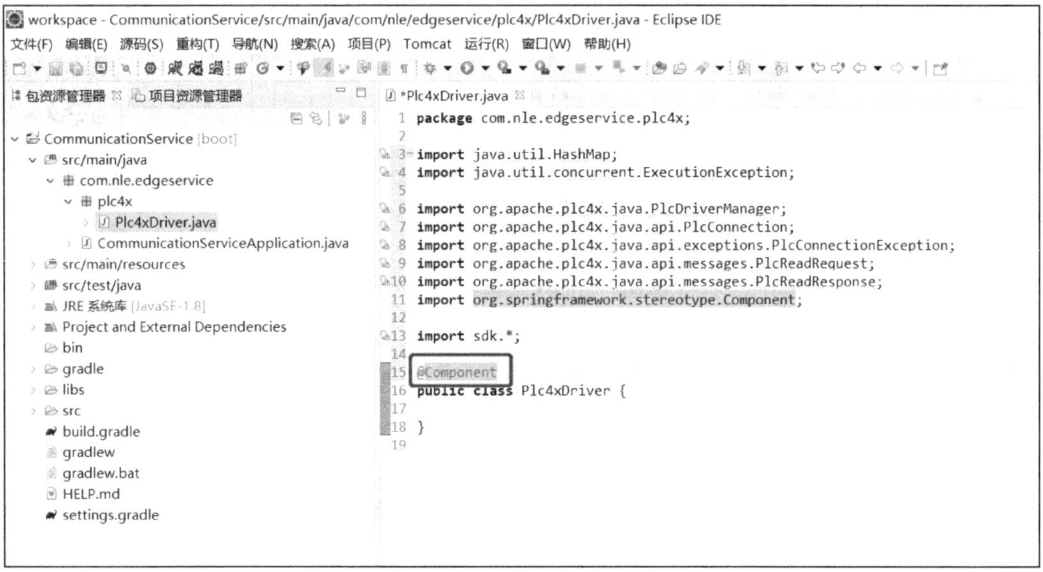

图 6-72　新增注解

（5）在 Plc4xDriver 类中，声明并创建对象，新增 Plc4xDriver()构造函数，代码如下。

Plc4xDriver.java

```
1. //声明并实例化对象
2. private static PlcDriverManager driver = new PlcDriverManager();
3. private static HashMap<String, PlcConnection> connectionPool = new HashMap<String,
PlcConnection>();
4. //Plc4xDriver()构造函数
5. public Plc4xDriver() {
6.
7. }
```

（6）在 Plc4xDriver 类中，新增 connect()方法，实现根据不同的配置建立对应的通信连接；新增 getConnection()方法，实现返回连接站点，代码如下。

Plc4xDriver.java

```
1. private PlcConnection connect(Station station) throws PlcConnectionException {
2.     PlcConnection connection = connectionPool.get(station.getUrl());
3.     //判断是否存在连接
```

```
 4.     if (connection == null) {
 5.         //建立连接
 6.         connection = driver.getConnection(station.getUrl());
 7.         //判断连接是否成功
 8.         if (connection.isConnected()) {
 9.             //将指定的键值对插入 HashMap 中
10.             connectionPool.put(station.getUrl(), connection);
11.             System.out.println(station.getUrl() + " connection is ok");
12.         } else {
13.             System.out.println(station.getUrl() + "connection fail");
14.         }
15.     }
16.     return connection;
17. }
18.  public PlcConnection getConnection(Station station) throws PlcConnectionExcep
tion {
19.     return connect(station);
20. }
```

（7）在 Plc4xDriver 类中，新增 read()方法，实现采集点位的读取，代码如下。

Plc4xDriver.java

```
 1. public Object read(Point point) throws ExecutionException, InterruptedException,
PlcConnectionException {
 2.     PlcConnection connection = getConnection(point.getStation());
 3.     if (!connection.isConnected()) {
 4.         return null;
 5.     }
 6.     Object value = null;
 7.     //建立读请求
 8.     PlcReadRequest.Builder builder = connection.readRequestBuilder();
 9.     //加载采集点位的名称和地址
10.     builder.addItem(point.getName(), point.getAddress());
11.     //通过向请求中添加项并通过调用 build()方法来准备请求
12.     PlcReadRequest plcReadRequest = builder.build();
13.     //通过 execute()在服务上发出方法将请求发送到采集站点
14.     PlcReadResponse response = plcReadRequest.execute().get();
15.     //获取采集点位数据类型
16.     String valueType = point.getValueType();
17.     //根据不同点位类型获取采集数据
18.     if ("String".equals(valueType)) {
19.
20.     } else if ("Integer".equals(valueType)) {
```

```
21.          value = response.getInteger(point.getName()).toString();
22.          point.value = value.toString();
23.      } else if ("Bool".equals(valueType)) {
24.          value = response.getBoolean(point.getName());
25.          point.value = value.toString();
26.      } else if ("Float".equals(valueType)) {
27.          value = response.getFloat(point.getName()).toString();
28.          point.value = value.toString();
29.      }
30.      return value;
31. }
```

4. PLC4X 通信服务开发

（1）在包资源管理器中，右键单击"plc4x"包新建一个类，类名设置为"Plc4xService"，并在类文件中声明以下类别。

Plc4xService.java

```
1. import java.io.IOException;
2. import java.util.ArrayList;
3. import java.util.Timer;
4. import java.util.TimerTask;
5. import org.apache.http.client.ClientProtocolException;
6. import org.springframework.beans.factory.annotation.Autowired;
7. import org.springframework.stereotype.Service;
8. import sdk.v1.*;
```

（2）在"Plc4xService.java"类文件中添加"@Service"注解，如图 6-73 所示。通过该注解可以将类实例化到 Spring 容器中。

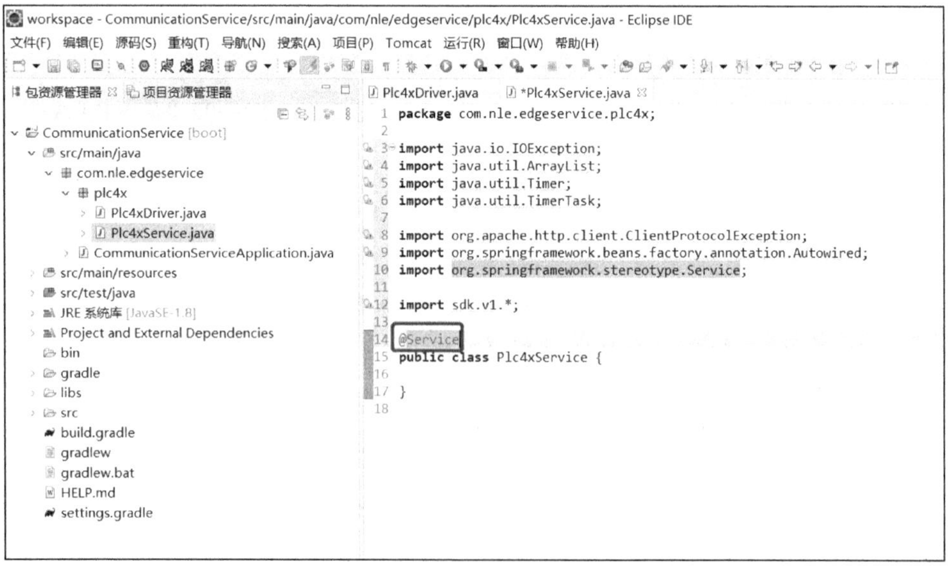

图 6-73　新增注解

（3）在 Plc4xService 类中，使用@Autowired 注解，将 Plc4xDriver 自动注入，并且实例化 SDK
包中的 GetStationAction、GetPointAction、SetValueAction 这 3 个类。

Plc4xService.java

```java
1. @Autowired
2. private Plc4xDriver plc4xDriver;
3. private GetStationAction getStationAction=new GetStationAction();
4. private GetPointAction getPointAction =new GetPointAction();
5. private SetValueAction setValueAction=new SetValueAction();
```

代码分析如下。

@Autowired 注解，它可以对类成员变量、方法及构造函数进行标注，让 Spring 完成 bean
自动装配的工作。

（4）在 Plc4xService 类中，新增 runPlc4x()方法，实现通信服务的点位读取操作，代码如下。

Plc4xService.java

```java
1. private void runPlc4x() throws ClientProtocolException, IOException {
2.     //获取plc4x采集站点集合
3.     getStationAction.SetDriverType(DriverType.PLC4X);
4.     ArrayList<Station> stations = getStationAction.run();
5.     //循环遍历所有的plc4x采集站点
6.     for (Station station : stations) {
7.         //获取plc4x采集站点下的点位集合
8.         getPointAction.setStation(station);
9.         ArrayList<Point> points = null;
10.        try {
11.            points = getPointAction.run();
12.        } catch (Exception e1) {
13.            System.out.println(e1);
14.        }
15.        //循环遍历所有的plc4x采集站点下的点位
16.        for (Point point : points) {
17.            try {
18.                //读取点位数据
19.                plc4xDriver.read(point);
20.                //点位存储到Redis服务器
21.                setValueAction.setPoint(point);
22.                setValueAction.run();
23.                System.out.println(point.getUrl() + "=" + point.value + " 成功写入缓存");
24.            } catch (Exception e) {
25.                System.out.println(point.getUrl() + " 数据读取失败");
26.            }
```

```
27.          }
28.      }
29. }
```

（5）在 Plc4xService 类中，新增 runTimerTask() 方法，实现通信服务的点位定时读取，代码如下。

Plc4xService.java

```
1. public void runTimerTask() {
2.     TimerTask timerTask = new TimerTask() {
3.         public void run() {
4.             try {
5.                 runPlc4x();
6.             }catch(Exception e) {
7.                 System.out.println("PLC4X 通信异常");
8.             }
9.         }
10.    };
11.    Timer timer = new Timer();
12.    long delay = 0;
13.    long intevalPeriod = 5 * 1000;
14.    //定时器，延迟 delay 毫秒后，执行第一次 timerTask，然后每隔 intevalPeriod 毫秒执行一
次 timerTask
15.    timer.schedule(timerTask, delay, intevalPeriod);
16. }
```

（6）在 Plc4xService 类中，新增 run() 方法，实现定时通信服务的运行，代码如下。

Plc4xService.java

```
1. public void run() {
2.     runTimerTask();
3. }
```

5. 主服务开发

（1）在包资源管理器中，右键单击"com.nle.edgeservice"包新建一个包，包名设置为
"com.nle.edgeservice.controller"，在包下新建一个类，类名设置为"Plc4xController"，如图 6-74
所示。

（2）在"Plc4xController.java"类文件中，声明以下类别。

Plc4xController.java

```
1. import javax.annotation.PostConstruct;
2. import org.springframework.beans.factory.annotation.Autowired;
3. import org.springframework.web.bind.annotation.RestController;
4. import com.nle.edgeservice.plc4x.Plc4xService;
```

图 6-74 新建包、类

（3）在"Plc4xController.java"类文件中添加"@RestController"注解，同时在"Plc4xController"类中，使用"@Autowired"注解，将 Plc4xService 自动注入，并调用其 run()方法运行 PLC4X 通信服务。

Plc4xController.java

```
1. @RestController
2. public class Plc4xController {
3.     @Autowired
4.     private Plc4xService plc4xService;
5.     @PostConstruct
6.     public void init() {
7.         plc4xService.run();
8.     }
9. }
```

其中@PostConstruct 注解表明项目启动时执行该方法。

6.3.6 实训结果

（1）在"D:\EdgeServiceV1.1"文件夹中，双击启动 MongoDB 数据库服务和 Redis 数据库服务，如图 6-75 所示。

（2）在"D:\EdgeServiceV1.1\projects\ApplicationService"文件夹中，双击启动 Application 服务，如图 6-76 所示。

（3）保存所有程序，右键单击"CommunicationService"项目，依次选择"运行方式-Spring Boot App"，等待 PLC4X 通信服务自动运行，通过控制台查看输出结果，如图 6-77 所示。

图 6-75　启动 MongoDB 和 Redis 数据库服务

图 6-76　启动 Application 服务

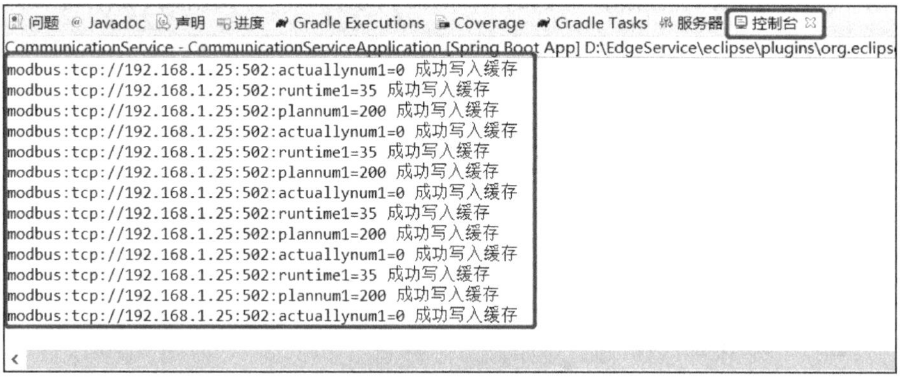

图 6-77　输出结果

6.4　任务四 MQTT 通信服务开发

6.4.1　实训要求

通过本实训课程让学生：

➤ 掌握 MQTT 通信协议；

➤ 了解 ActiveMQ，掌握 MQTT 服务器部署；

➤ 掌握 MQTT Java 开发库 "org.eclipse.paho.client.mqttv3" 的使用；

➤ 掌握 MQTT 通信服务的开发。

6.4.2　实训目标

本实训课程让学生部署 MQTT 服务器，掌握 MQTT 通信协议和 "org.eclipse.paho.client.mqttv3" 的 JAR 包应用，并能通过 Eclipse 开发工具，进行 MQTT 通信服务的开发。通过通信服务的开发，实现边缘服务数据采集。

6.4.3　理论基础

1. MQTT 通信协议

MQTT（消息队列遥测传输）是一个基于客户-服务器体系结构的发布/订阅（Pub/Sub）模式的消息传输协议。它的设计思想是轻巧、开放、简单、规范，易于实现。这些特点使得它对很多场景来说都是很好的选择，特别是对于受限的环境，如机器与机器的通信（M2M）以及物联网（IoT）环境。

MQTT 的特点如下。

● 使用发布/订阅模式，提供一对多的消息发布，方便消息在设备间传递，有效解耦。

● 对负载内容屏蔽的消息传输。

● 使用 TCP/IP 提供网络连接。标准版本的 MQTT 是使用 TCP 连接进行数据推送，TCP 提供 IP 地址基本环境下的数据可靠传输保证了 MQTT 传输的可靠性。

● 传输数据量小。MQTT 协议交换的数据量非常小，只有固定的 2 个字节。

● 具有遗言机制和遗嘱机制，用于通知同一个主题下各方客户端，发送遗言的设备已经断开了连接。

● 有 3 种消息发布服务质量。

"至多一次"：数据仅仅传输一次，收不到无所谓，常用在传感器上报的场景中，因为传感器的信息传递是连续的，这次收不下，还有下次。

"至少一次"：发送设备可以发送多次消息，接收设备至少能收到一次，也可能收到多次。

"只有一次"：确保消息到达一次，消息不会多，也不会少，只有一次被终端设备接收。

MQTT 协议工作过程中需要一个消息服务器，也称为消息代理（Broker），将消息存放在若干队列中，在合适的时候再将消息转发给接收设备。当接收设备收到信息触发事件完成相对应的操作。它有如下 4 个功能。

● 网络连接，接收来自客户端的网络连接请求。

● 队列缓存消息数据，保存客户端发布的数据信息。

● 断开网络，处理来自客户端的订阅和退订请求。

● 消息数据转发，向订阅的客户端转发数据信息。

MQTT 数据包由 3 部分构成：固定头、可变头、消息体。

● 固定头存于所有 MQTT 数据包中，表示数据包类型及数据包的分组类标识。

● 可变头的内容因数据包类型而不同，较常见的应用是作为包的标识。

● 消息体表示客户端收到的具体内容，有 CONNECT、SUBSCRIBE、SUBACK、UNSUBSCRIBE 这 4 种类型。

2. ActiveMQ

ActiveMQ 是开源、多协议、基于 Java 的消息代理，为应用程序提供高效的、可扩展的、稳定的和安全的企业级消息通信。它有以下特点。

- 支持多种语言（如 Java、C、C++、Python 等）和协议编写客户端。
- 对 Spring 的支持，ActiveMQ 可以很容易内嵌到使用 Spring 的系统里面去。
- 支持点对点（P2P）、发布/订阅的消息传递模式。

3. "org.eclipse.paho.client.mqttv3"

MQTT 驱动程序，通过 Java 编程开发，可实现基于 MQTT 协议的通信连接、发布/订阅等操作。

6.4.4 实训器材

硬件需求如表 6-10 所示。

表 6-10　硬件需求

序号	名称
1	计算机 （操作系统为 Windows 10 64 位，能够连接外网）
2	LoRa 数据采集卡
3	能耗工作站
4	电源线、信号线、网线
5	USB 转串口线

软件需求如表 6-11 所示。

表 6-11　软件需求

序号	名称
1	LoRa 配置工具
2	网络浏览器
3	Eclipse 开发工具
4	ActiveMQ
5	边缘服务开发包

6.4.5 实训步骤

1. 数据采集通信检查及配置

（1）检查 LoRa 数据采集卡与能耗工作站通信是否正常。

（2）检查边缘服务器与 LoRa 网关通信是否正常。

（3）参数配置。

根据 LoRa 网关配置过程，配置串口连接参数。依次单击"打开串口-进入配置状态-读取参数"选项，软件自动读取硬件设备参数信息，修改 LoRa 网关的其他参数设置，如表 6-12 所示。

表 6-12　网关的其他参数设置

配置项	说明
服务器选择	网口
网络连接	网络模式：MQTT Client
网口设置	IP 地址类型：静态 IP

网关服务器配置如图 6-78 所示，配置服务器类型为网口，网络模式为 MQTT Client，服务器 IP 地址/域名为 192.168.1.104，发布订阅的主题为/mytopic，服务器端口为 1884，MQTT 服务器账号为 usr，MQTT 设备 ID 为 12345678，MQTT 服务器密码为 123456。

图 6-78　网关服务器配置

参数设置完成后，单击"设置参数"选项将软件配置参数信息写入 LoRa 网关设备。单击"退出配置状态"选项，退出状态。单击"重启"按钮，完成参数配置过程。

2. MQTT 服务器部署

（1）在 D 盘"EdgeServiceV1.1"文件夹中，可以通过批处理命令启动 MQTT 服务。批处理命令如图 6-79 所示。

LoRa 网关
通信协议配置

MQTT 服务器
部署

```
1  cd /d %~dp0
2  set startDir=%cd%
3  set JAVA_HOME=%startDir%\java
4  set PATH=%JAVA_HOME%\bin;%JAVA_HOME%\java\bin
5  start %startDir%\activemq\bin\win64\activemq.bat
```

图 6-79　批处理命令

（2）双击打开 MQTT 服务批处理文件"40MQTTRun.bat"，可以启动 ActiveMQ 消息服务器，完成 MQTT 服务部署，如图 6-80 所示。

（3）启动网络浏览器，在地址栏中输入"http://localhost:8161"，可以进入 ActiveMQ 消息服务器的 Dashboard 管理界面。登录用户名为 admin，密码为 admin，如图 6-81 所示。

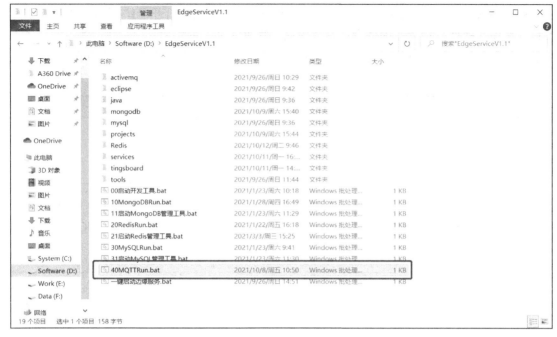

图 6-80　启动 MQTT 服务

图 6-81　ActiveMQ 登录界面

（4）在 ActiveMQ 主界面中，单击"Manage ActiveMQ broker"选项进入 ActiveMQ 消息服务器的管理界面，如图 6-82 所示。

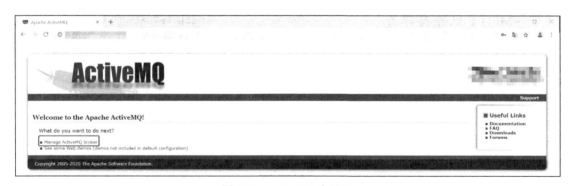

图 6-82　ActiveMQ 主界面

（5）在 ActiveMQ 管理界面中，单击"Connections"选项，可在"Connector mqtt"中看到与服务器连接的终端设备，如图 6-83 所示。

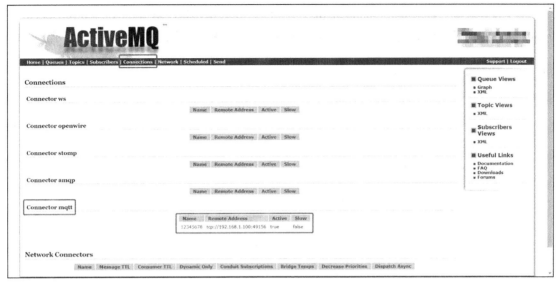

图 6-83　查看终端设备

3. MQTT 驱动开发

（1）在 "CommunicationService" 项目基础上，右键单击 "com.nle.edgeservice" 包新建一个包，包名设置为 "com.nle.edgeservice.mqtt"；在包下新建一个类，类名设置为 "MqttDriver"，如图 6-84 所示。

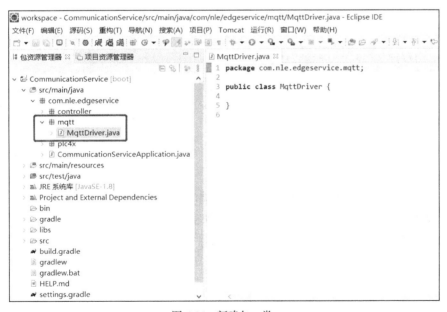

MQTT 驱动开发

图 6-84　新建包、类

（2）在构建脚本 "build.gradle" 的 dependencies 闭包中，定义项目依赖的 JAR 包配置。

build.gradle

```
1. implementation group: 'org.eclipse.paho', name: 'org.eclipse.paho.client.mqttv3',
version: '1.2.5'
```

（3）保存配置，右键单击"build.gradle"选项，在下拉框中依次单击"Gradle-Refresh Gradle Project"选项，刷新配置文件，并查看远程依赖的 JAR 包是否正常下载，如图 6-85 所示。

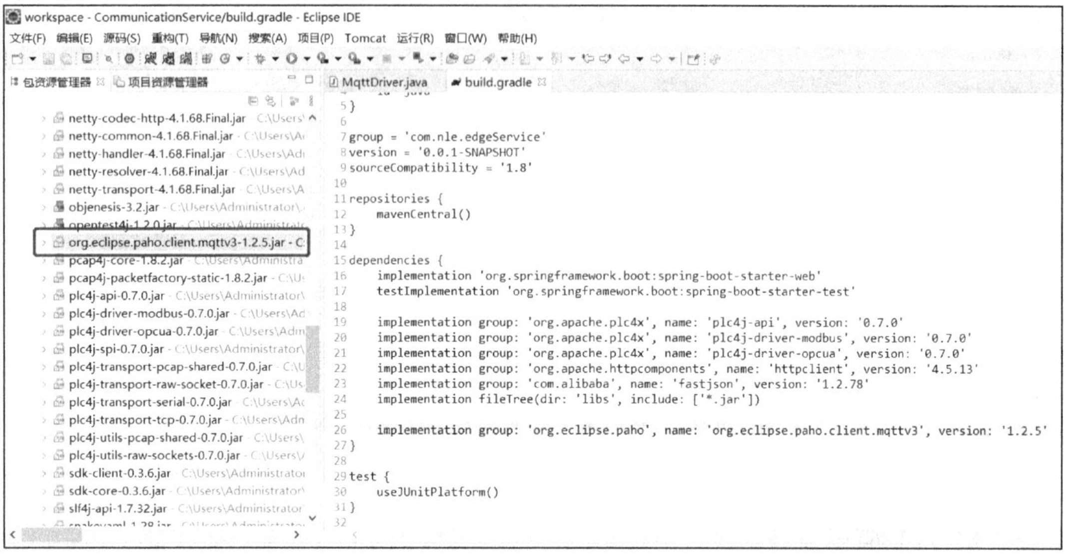

图 6-85　查看下载的依赖包

（4）在"src/main/resources"下的"application.properties"文件中配置 MQTT 的连接参数，为了避免 Tomcat 端口冲突，服务端口设置为 8081。

application.properties

```
1. #mqtt
2. mqtt.url = tcp://192.168.1.104:1884
3. mqtt.clientID = nle
4. mqtt.username = nle
5. mqtt.password = 123456
6. #Tomcat
7. server.port = 8081
```

配置说明如下。

① 第 2 行，配置 MQTT 消息队列服务的服务器地址和端口。

② 第 3~5 行，配置连接的 MQTT 客户端 ID、用户名和密码。

（5）在"MqttDriver.java"类文件中，声明以下类别，并添加"@Component"注解，如图 6-86所示。

MqttDriver.java

```
1. import org.eclipse.paho.client.mqttv3.MqttCallback;
2. import org.eclipse.paho.client.mqttv3.MqttClient;
3. import org.eclipse.paho.client.mqttv3.MqttConnectOptions;
4. import org.eclipse.paho.client.mqttv3.MqttException;
5. import org.springframework.beans.factory.annotation.Value;
6. import org.springframework.stereotype.Component;
7. import sdk.v1.*;
```

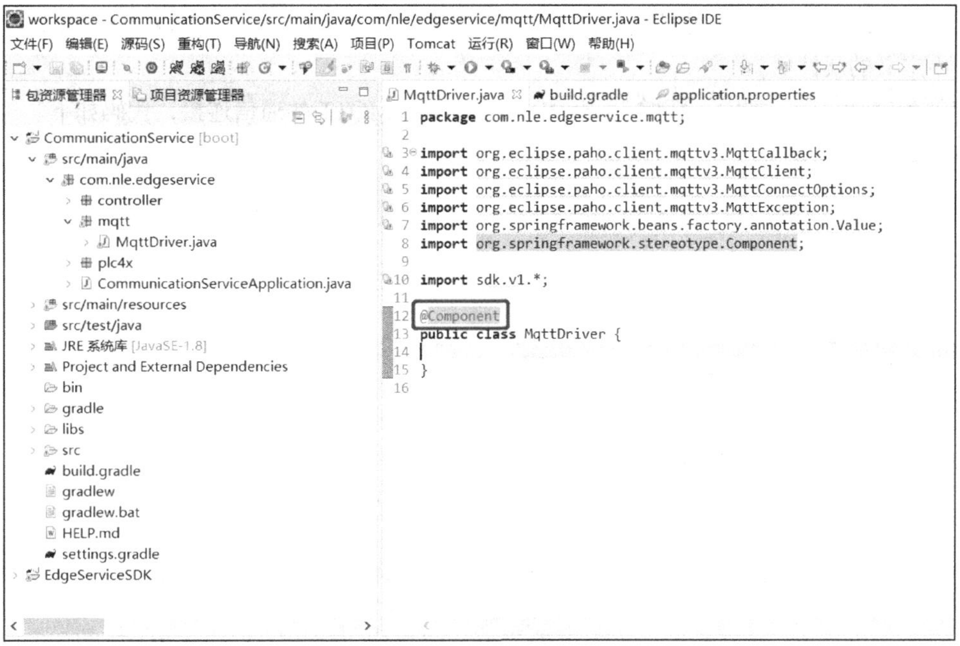

```
workspace - CommunicationService/src/main/java/com/nle/edgeservice/mqtt/MqttDriver.java - Eclipse IDE
文件(F)  编辑(E)  源码(S)  重构(T)  导航(N)  搜索(A)  项目(P)  Tomcat  运行(R)  窗口(W)  帮助(H)
```

```java
  1  package com.nle.edgeservice.mqtt;
  2
  3  import org.eclipse.paho.client.mqttv3.MqttCallback;
  4  import org.eclipse.paho.client.mqttv3.MqttClient;
  5  import org.eclipse.paho.client.mqttv3.MqttConnectOptions;
  6  import org.eclipse.paho.client.mqttv3.MqttException;
  7  import org.springframework.beans.factory.annotation.Value;
  8  import org.springframework.stereotype.Component;
  9
 10  import sdk.v1.*;
 11
 12  @Component
 13  public class MqttDriver {
 14
 15  }
 16
```

图 6-86　新增注解

（6）在 MqttDriver 类中，声明两个变量，新增 MqttDriver()构造函数，实现 MQTT 连接参数配置，代码如下。

MqttDriver.java

```java
1. private MqttClient mqttClient;
2. private MqttConnectOptions options;
3. public MqttDriver(@Value("${mqtt.url}")String host,@Value("${mqtt.clientID}")
String clientID,@Value("${mqtt.username}") String userName, @Value("${mqtt.password}")
String password) throws MqttException {
4.      //创建客户端
5.      mqttClient = new MqttClient(host, clientID);
6.      //创建连接参数
7.      options = new MqttConnectOptions();
8.      //设置超时时间（单位为 s）
9.      options.setConnectionTimeout(10000);
10.     //设置会话心跳时间（单位为 s）
11.     options.setKeepAliveInterval(20);
12.     //设置会话清除标识，设置为 false 表示服务器会保留客户端的连接记录
13.     options.setCleanSession(false);
14.     //设置连接的用户名
15.     options.setUserName(userName);
16.     //设置连接的密码
17.     options.setPassword(password.toCharArray());
18. }
```

151

其中@Value 注解实现将外部配置文件的值动态注入 Bean 中，使用@Value("${}")获取对应属性文件中定义的属性值。

（7）在 MqttDriver 类中，新增 connect()方法，实现 MQTT 的通信连接，代码如下。

MqttDriver.java

```
1. public void connect(MqttCallback callback) throws MqttException {
2.     //设置回调函数
3.     mqttClient.setCallback(callback);
4.     //建立连接
5.     mqttClient.connect(options);
6.     //判断连接状态
7.     if (mqttClient.isConnected()) {
8.         System.out.println("MQTT connection is ok");
9.     } else {
10.         System.out.println("MQTT connection fail");
11.     }
12. }
```

（8）在 MqttDriver 类中，新增 subscribe ()方法，实现 MQTT 主题订阅，代码如下。

MqttDriver.java

```
1. public void subscribe(Point point) throws MqttException {
2.     mqttClient.subscribe(point.getStation().getAddress());
3. }
```

（9）在 MqttDriver 类中，新增 close ()方法，实现关闭 MQTT 客户端，代码如下。

MqttDriver.java

```
1. public void close() throws MqttException {
2.     mqttClient.close();
3. }
```

4. MQTT 通信服务开发

（1）在包资源管理器中，右键单击"mqtt"包新建一个类，类名设置为"MqttService"，在类文件中声明以下类别，并添加@Service 注解，如图 6-87 所示。

MqttService.java

```
1. import java.io.IOException;
2. import java.nio.ByteBuffer;
3. import java.util.ArrayList;
4. import java.util.HashMap;
5. import org.apache.http.client.ClientProtocolException;
6. import org.eclipse.paho.client.mqttv3.IMqttDeliveryToken;
7. import org.eclipse.paho.client.mqttv3.MqttCallback;
8. import org.eclipse.paho.client.mqttv3.MqttException;
```

```
9.  import org.eclipse.paho.client.mqttv3.MqttMessage;
10. import org.springframework.beans.factory.annotation.Autowired;
11. import org.springframework.stereotype.Service;
12. import sdk.v1.*;
```

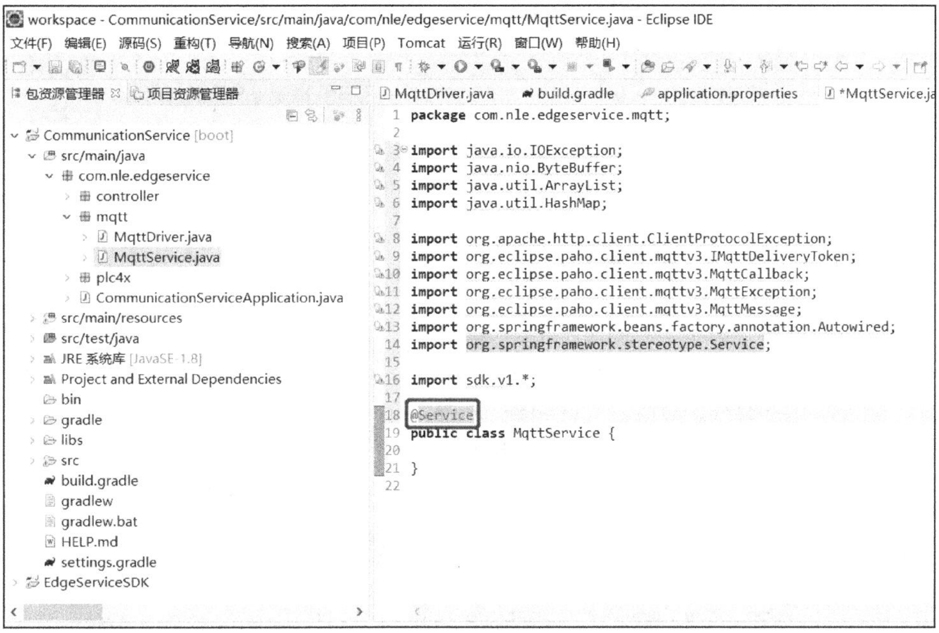

图 6-87　新增注解

（2）在 MqttService 类中，使用@Autowired 注解，将 MqttDriver 自动注入，并且实例化 SDK 包中的 GetStationAction、GetPointAction、SetValueAction 这 3 个类。

MqttService.java

```
1. @Autowired
2. private MqttDriver mqttDriver;
3. private HashMap<String, Point> topicMap = new HashMap<String, Point>();
4. private GetStationAction getStationAction=new GetStationAction();
5. private GetPointAction getPointAction =new GetPointAction();
6. private SetValueAction setValueAction=new SetValueAction();
```

（3）在 MqttService 类中，新增 parseMessage ()方法，解析 MQTT 订阅的主题的回调消息，代码如下。

MqttService.java

```
1. private void parseMessage(String topic, MqttMessage message) {
2.     //获取 MQTT 订阅的主题消息内容，每个消息包含 6 个字节
3.     byte[] bytes = message.getPayload();
4.     if (bytes != null && bytes.length >= 6) {
5.         //获取 MQTT 回调消息的首个字节，即该点位的地址号
6.         String address = Byte.toString(bytes[0]);
```

```
7.          //获取 MQTT 回调消息的第 2~5 字节，即该点位的数值
8.          ByteBuffer buffer = ByteBuffer.wrap(bytes, 2, 4);
9.          //根据点位地址获取点位
10.         Point point = topicMap.get(Point.getTopicAddress(topic, address));
11.         if(point == null) return;
12.         //判断"BOOL"类型的点位并处理数据
13.         if (PointVauleType.BOOL.equals(point.getValueType())) {
14.             if (buffer.getInt() > 0) {
15.                 point.value = "true";
16.             } else {
17.                 point.value = "false";
18.             }
19.         //判断"INTEGER"类型的点位并处理数据
20.         } else if (PointVauleType.INTEGER.equals(point.getValueType())) {
21.             point.value = Integer.toString(buffer.getShort());
22.         //判断 FLOAT 类型的点位并处理数据
23.         } else if (PointVauleType.FLOAT.equals(point.getValueType())) {
24.             point.value = Float.toString(buffer.getFloat());
25.         } else {
26.             point.value = "valuetype undefined";
27.         }
28.         //点位存储到 Redis 服务器
29.         setValueAction.setPoint(point);
30.         try {
31.             setValueAction.run();
32.         } catch (Exception e) {
33.             System.out.println(e);
34.         }
35.         System.out.println(point.getUrl() + "=" + point.value + " 成功写入缓存");
36.     }
37. }
```

（4）在 MqttService 类中，新增 subscribePoint ()方法，订阅 Station 中驱动是 MQTT 的所有 Point，代码如下。

MqttService.java

```
1. private void subscribePoint() throws ClientProtocolException, IOException {
2.     //过滤筛选驱动是 MQTT 的所有 Station
3.     getStationAction.SetDriverType(DriverType.MQTT);
4.     ArrayList<Station> stations = getStationAction.run();
5.     for (Station station : stations) {
6.         //获取 Station 下的所有点位
```

```
7.          getPointAction.setStation(station);
8.          ArrayList<Point> points = null;
9.          try {
10.                 points = getPointAction.run();
11.             } catch (Exception e1) {
12.                 System.out.println(e1);
13.             }
14.         for (Point point : points) {
15.             try {
16.                 mqttDriver.subscribe(point);
17.                 //将发布的点位存入 map 中，用于回调消息中获取对应的点位数值
18.                 topicMap.put(point.getTopicAddress(), point);
19.                 System.out.println(point.getUrl() + "=" + point.value + " 开始订阅");
20.             } catch (Exception e) {
21.                     System.out.println(point.getUrl() + " 数据读取失败");
22.             }
23.         }
24.     }
25. }
```

（5）在 MqttService 类中，新增 run()方法，实现 MQTT 主程序的运行；新增 runMQTT()方法，实现 MQTT 连接并设置回调函数及 MQTT 主题订阅，代码如下。

MqttService.java

```
1. public void run(){
2.     try {
3.         runMQTT();
4.     } catch (MqttException e) {
5.         e.printStackTrace();
6.     }
7. }
8. private void runMQTT() throws MqttException {
9.     try {
10.         //实现 MQTT 连接并设置回调函数
11.         mqttDriver.connect(new MqttCallback() {
12.             public void messageArrived(String topic, MqttMessage message) throws
Exception {
13.                 try {
14.                     parseMessage(topic, message);
15.                 } catch (Exception e) {
16.                     e.printStackTrace();
17.                 }
```

```
18.              }
19.          public void deliveryComplete(IMqttDeliveryToken token) {
20.              System.out.println("发布消息成功");
21.          }
22.          public void connectionLost(Throwable cause) {
23.              System.out.println("lost:" + cause.getLocalizedMessage());
24.          }
25.      });
26.      //MQTT 订阅主题
27.      subscribePoint();
28.  }catch (Exception e) {
29.      e.printStackTrace();
30.      System.out.println("MQTT 服务未启动");
31.  }
32. }
```

5. 主服务开发

（1）在包资源管理器中，右键单击"controller"包新建一个类，类名设置为"MqttController"，如图 6-88 所示，在"MqttController.java"类文件中，声明以下类别。

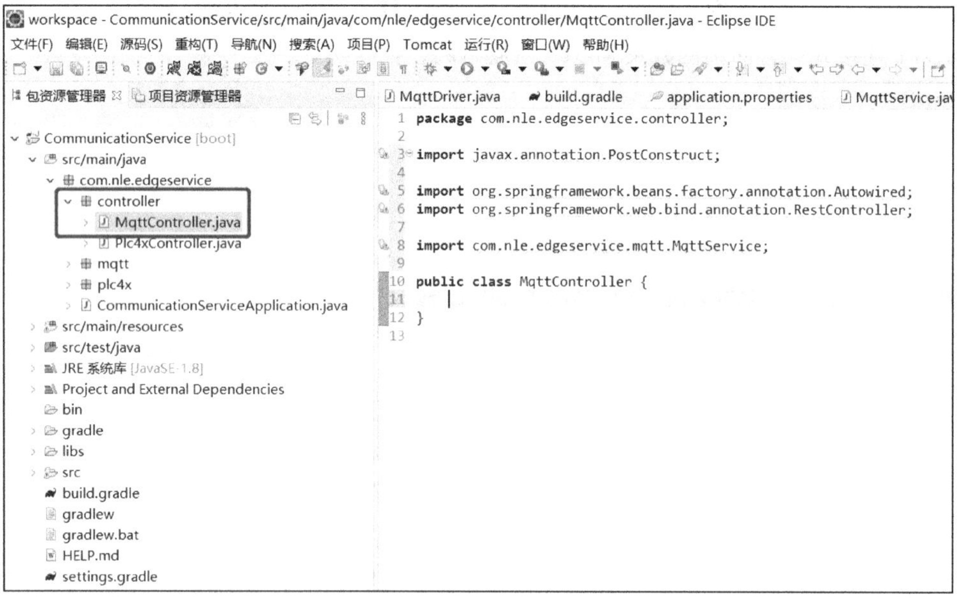

图 6-88　新建类

MqttController.java

```
1. import javax.annotation.PostConstruct;

2. import org.springframework.beans.factory.annotation.Autowired;

3. import org.springframework.web.bind.annotation.RestController;

4. import com.nle.edgeservice.mqtt.MqttService;
```

（2）在"MqttController.java"类文件中添加"@RestController"注解，同时在"MqttController"类中，使用"@Autowired"注解，将 MqttService 自动注入，并调用其 run()方法运行 MQTT 通信服务。

MqttController.java

```
1. @RestController
2. public class MqttController {
3.     @Autowired
4.     private MqttService mqttService;
5.     @PostConstruct
6.     public void init() {
7.         mqttService.run();
8.     }
9. }
```

6. 通信服务打包部署

（1）在构建脚本"build.gradle"的 bootJar 闭包中，新增项目的打包配置。

build.gradle

```
1. bootJar {
2.     //指定 JAR 包包名
3.     baseName = 'nle.communicationservice'
4.     //指定版本号
5.     version = '0.1'
6.     //指定打包路径
7.     destinationDir = file("$rootDir/../../../projects/CommunicationService")
8. }
```

（2）保存项目，在 Gradle Tasks 工作台中，依次展开"CommunicationService-build"文件夹，双击"bootJar"，编译并打包项目。

（3）在"D:\EdgeServiceV1.1\projects\CommunicationService"文件夹下新建一个名为"application"的 TXT 文档，将扩展名修改为".properties"即可转为配置文件。使用记事本编辑，输入并保存以下内容。

```
1. #MQTT
2. mqtt.url = tcp://localhost:1884
3. mqtt.clientID = nle
4. mqtt.username = nle
5. mqtt.password = 123456
6. #Tomcat
7. server.port = 8081
```

（4）在"CommunicationService"文件夹下新建一个名为"communicationserviceRun"的

TXT 文档，将扩展名修改为".bat"即可转为批处理文件。使用记事本编辑，输入并保存以下内容。

```
1. cd /d %~dp0
2. cd ..
3. cd ..
4. set startDir=%cd%
5. set JAVA_HOME=%startDir%\java
6. set PATH=%JAVA_HOME%/bin;%JAVA_HOME%/java/bin
7. cd %startDir%\projects\CommunicationService
8. start java -jar nle. communicationservice-0. 1. jar
```

6.4.6　实训结果

（1）在"D:\EdgeServiceV1.1"文件夹中，双击启动 MongoDB 数据库服务、Redis 数据库服务和 MQTT 服务，如图 6-89 所示。

图 6-89　启动 MongoDB 数据库服务、Redis 数据库服务、MQTT 服务

（2）在"D:\EdgeServiceV1.1\projects\ApplicationService"文件夹中，双击启动 Application 服务，如图 6-90 所示。

图 6-90　启动 Application 服务

（3）保存所有程序，右键单击"CommunicationService"项目，依次选择"运行方式-Spring Boot App"，等待 MQTT 通信服务自动运行，通过控制台查看输出结果，如图 6-91 所示。

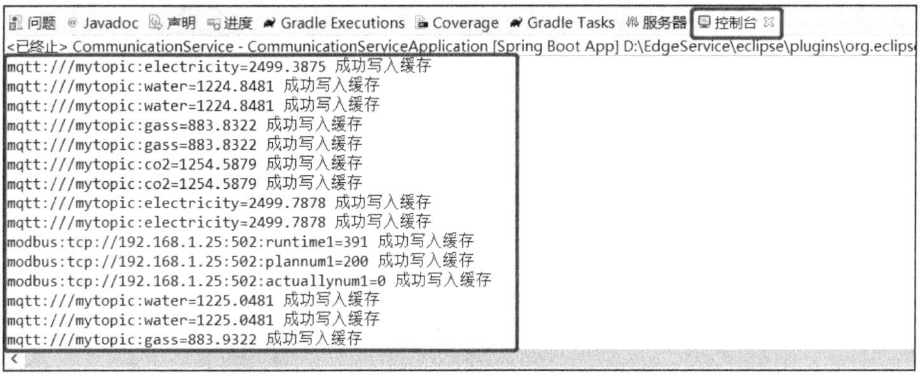

```
问题 @ Javadoc 声明 进度 Gradle Executions Coverage Gradle Tasks 服务器 控制台
<已终止> CommunicationService - CommunicationServiceApplication [Spring Boot App] D:\EdgeService\eclipse\plugins\org.eclips
mqtt:///mytopic:electricity=2499.3875 成功写入缓存
mqtt:///mytopic:water=1224.8481 成功写入缓存
mqtt:///mytopic:water=1224.8481 成功写入缓存
mqtt:///mytopic:gass=883.8322 成功写入缓存
mqtt:///mytopic:gass=883.8322 成功写入缓存
mqtt:///mytopic:co2=1254.5879 成功写入缓存
mqtt:///mytopic:co2=1254.5879 成功写入缓存
mqtt:///mytopic:electricity=2499.7878 成功写入缓存
mqtt:///mytopic:electricity=2499.7878 成功写入缓存
modbus:tcp://192.168.1.25:502:runtime1=391 成功写入缓存
modbus:tcp://192.168.1.25:502:plannum1=200 成功写入缓存
modbus:tcp://192.168.1.25:502:actuallynum1=0 成功写入缓存
mqtt:///mytopic:water=1225.0481 成功写入缓存
mqtt:///mytopic:water=1225.0481 成功写入缓存
mqtt:///mytopic:gass=883.9322 成功写入缓存
```

图 6-91 输出结果

第7章

边缘服务数据存储服务开发部署

7.1 任务一 数据库部署应用

7.1.1 实训要求

通过本实训课程让学生：
➢ 了解 Redis 数据库和 MySQL 数据库；
➢ 掌握 Redis 数据库和 RDM 工具的部署应用；
➢ 掌握 MySQL 数据库和 DBeaver 工具的部署应用；
➢ 掌握常用的 SQL 语句。

7.1.2 实训目标

本实训课程让学生通过数据库的部署和应用，掌握 RDM 工具、DBeaver 工具和常用 SQL 语句的应用，进行数据库的配置操作。通过实训掌握数据库的部署及应用，为后面数据存储服务的开发奠定基础。

7.1.3 理论基础

1. Redis 数据库

Redis 是一个开源的、使用 ANSI C 语言编写的、遵守 BSD 协议、支持网络、可基于内存、分布式、可选持久性的键值对存储数据库，并提供多种语言的 API。Redis 也是一个跨平台的非关系型数据库。

Redis 数据库的主要特点如下。

- Redis 支持数据的持久化，可以将内存中的数据保存在磁盘中，重启的时候可以再次加载并进行使用。
- Redis 不仅支持简单的键值对类型的数据，同时还提供字符串（String）、哈希（Hash）、列表（List）、集合（Set）和有序集合（Sorted Set）等数据结构的存储。
- Redis 支持数据的备份，即主从模式（Master-Slave）的数据备份。

2. RDM 工具

RDM（Redis Desktop Manager）是一款开源的 Redis 数据存储管理工具，基于 Qt 5 编写，跨平台支持 Windows、Linux 以及 macOS，能提供简单的 GUI 来管理 Redis 数据库。

RDM 工具的主要特点如下。

- 适用于多种操作系统，RDM 是一款 GUI 应用，适用于 macOS、iPadOS、Windows 和所有版本的 Linux。
- RDM 能分析 Redis 服务器内存使用情况，并批量删除过时数据。
- RDM 支持 Redis 的所有最新功能，如 ACL、Streams、Cluster、Sentinel、ReJSON、HyperLogLog 等。
- RDM 内置 TLS、SSH 和 TLS-over-SSH 隧道，可轻松、安全地访问任何 Redis 服务器。
- RDM 可用于云 Redis 实例。

3. MySQL 数据库

关系数据库，是指采用了关系模型来组织数据的数据库，其以行和列的形式存储数据。关系数据库这一系列的行和列被称为表，一组表组成了数据库。用户通过查询来检索数据库中的数据。关系模型可以简单理解为二维表格模型，而一个关系数据库就是由二维表及其之间的关系组成的一个数据组织。

MySQL 是一个关系数据库管理系统，它将数据保存在不同的表中，而不是将所有数据放在一个大仓库内，提高了速度和灵活性。

4. DBeaver 工具

DBeaver 是一个通用的数据库管理工具和 SQL 客户端，支持 MySQL、PostgreSQL、Oracle、DB2、MSSQL、Sybase、Mimer、HSQLDB、Derby，以及其他兼容 JDBC 的数据库。DBeaver 提供一个图形界面用来查看数据库结构，执行 SQL 查询和脚本，浏览和导出数据，处理 BLOB/CLOB 数据，修改数据库结构，等等。其基本特性如下。

- 支持数据库元数据浏览。
- 支持元数据编辑（包括表、列、键、索引）。
- 支持 SQL 语句和脚本的执行。
- 支持 SQL 关键字高亮显示。
- 简单友好的显示页面。

5. SQL

SQL 是用于访问和处理数据库的标准的计算机语言，也是一种结构化查询语言。使用 SQL 可以实现数据库的新增、删除、修改和查询等操作。常用的 SQL 语句如下。

（1）SQL 查询语句。

SELECT 语句用于从表中选取数据，结果被存储在一个结果表中（称为结果集）。

SQL 查询语句语法如下。

① 查询数据库中某一张数据表。

```
SELECT * FROM 表名称;
```

② 查询数据库中某一张数据表中的某一个列。

```
SELECT 列名称 FROM 表名称;
```

③ 根据数据库某一张数据表中的某一个列的特定值，查询数据库数据。

```
SELECT * FROM 表名称 WHERE 列名称 = '特定值';
```

④ 根据数据库某一张数据表中的某一个列的模糊值，查询数据库数据。

```
SELECT * FROM 表名称 WHERE 列名称 LIKE '%模糊值%'.
```

（2）SQL 新增语句。

INSERT INTO 语句用于向表格中插入新的行。

SQL 新增语句语法如下。

向数据库中某一张数据表新增一行指定列数据。

```
INSERT INTO 表名称(列名称1,列名称2,……) VALUES (值1,值2,……);
```

（3）SQL 更新语句。

UPDATE 语句用于修改表中的数据。

SQL 更新语句语法如下。

更新数据库某一张数据表中列名称为特定值的行数据。

```
UPDATE 表名称 SET 列名称 = '新值' WHERE 列名称 = '特定值';
```

（4）SQL 删除语句。

DELETE 语句用于删除表中的行。

SQL 删除语句语法如下。

删除数据库某一张数据表中列名称为特定值的行。

```
DELETE FROM 表名称 WHERE 列名称 = '特定值';
```

7.1.4 实训器材

硬件需求如表 7-1 所示。

表 7-1　硬件需求

序号	名称
1	计算机 （操作系统为 Windows 10 64 位，能够连接外网）

软件需求如表 7-2 所示。

表 7-2　软件需求

序号	名称
1	RDM 工具
2	DBeaver 工具
3	边缘服务开发包

7.1.5　实训步骤

Redis 数据库及
RDM 工具部署

1．Redis 数据库及 RDM 工具部署

（1）在 D 盘"EdgeServiceV1.1"文件夹中，可以通过批处理命令启动
Redis 服务。批处理命令如图 7-1 所示。

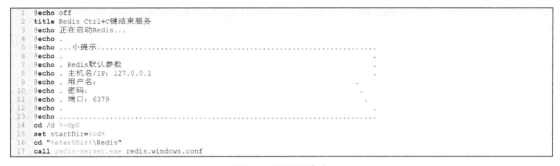

```
1  @echo off
2  title Redis Ctrl+C键结束服务
3  @echo 正在启动Redis...
4  @echo .
5  @echo ...小提示...
6  @echo .
7  @echo . Redis默认参数
8  @echo . 主机名/IP: 127.0.0.1
9  @echo . 用户名:
10 @echo . 密码:
11 @echo . 端口: 6379
12 @echo .
13 @echo ..................................
14 cd /d %~dp0
15 set startDir=%cd%
16 cd "%startDir%\Redis"
17 call redis-server.exe redis.windows.conf
```

图 7-1　批处理命令

（2）双击打开 Redis 服务批处理文件"20RedisRun.bat"，可以启动 Redis 服务，如图 7-2 所示。

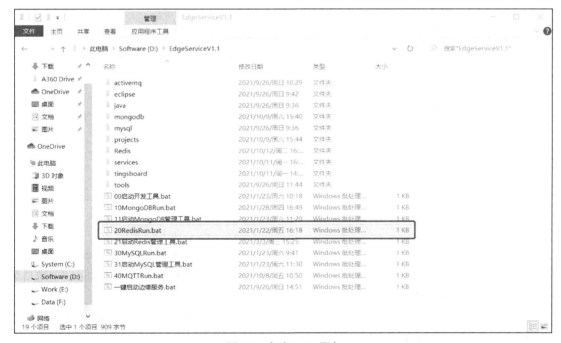

图 7-2　启动 Redis 服务

（3）在 D 盘"EdgeServiceV1.1"文件夹中，可以通过批处理命令启动 RDM 工具。批处理命令如图 7-3 所示。

```
1  @echo off
2  title Redis管理工具
3  @echo 正在启动Redis管理工具...
4  cd /d %~dp0
5  set startDir=%cd%
6
7  echo %startDir%|findstr /ibe "[0-9a-z:\\\~\!@\#\$\(\)\_\+\`\-\=\;\'\.\,]*">nul&&goto run||goto error
8
9  :error
10 echo 错误: 不要把版本解压放在包含有中文、空格和特殊字符的目录!
11 pause
12 goto end
13
14 :run
15 cd "%startDir%\tools\RedisDesktopManager"
16 start rdm.exe
17
18 rem 延迟关闭
19 ping 127.0.0.1 > nul
20
21 :end
```

图 7-3   批处理命令

（4）双击打开 RDM 批处理文件"21 启动 Redis 管理工具.bat"，可以启动 RDM 工具，如图 7-4 所示。

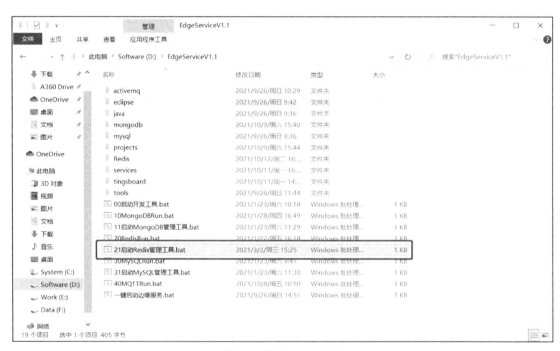

图 7-4   启动 RDM 工具

（5）在 RDM 主界面上，单击"Connect to Redis Server"按钮，可以新建一个 Redis 连接服务；在弹出的连接界面上，配置连接名称为"NLE_EdgeService"，服务地址为"localhost"，端口为"6379"，并单击"OK"按钮，如图 7-5 所示。

（6）双击新建的"NLE_EdgeService"连接，进行 Redis 服务的连接。如果 Redis 服务正常启动，且连接配置正常，则无异常提示，如图 7-6 所示。

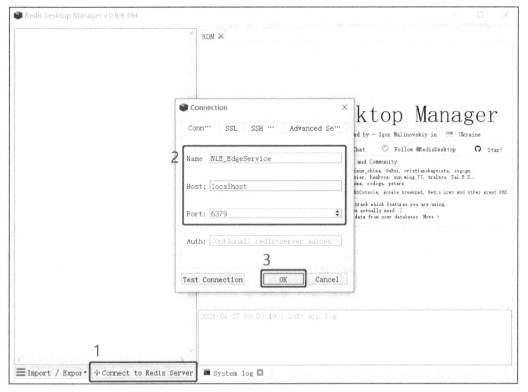

图 7-5　新建连接

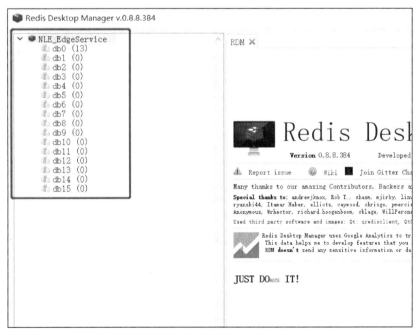

图 7-6　连接 Redis 服务

（7）依次单击连接下的"数据库号-驱动-地址"，可以查看具体的点位数据，如图 7-7 所示。

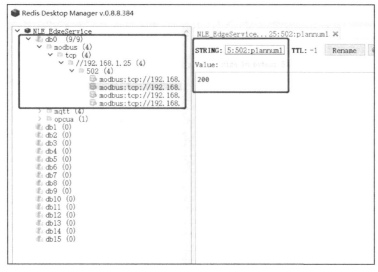

图 7-7　查看点位数据

2. MySQL 数据库及 DBeaver 工具部署

（1）在 "EdgeServiceV1.1\mysql" 文件夹中，可以通过配置文件 "my.ini" 进行 MySQL 数据库服务配置。配置文件如图 7-8 所示。

MySQL 数据库及
DBeaver 工具部署

```
1  □[mysqld]
2  # 设置3306端口
3  port=3306
4  # 设置mysql的安装目录，这里根据自己的解压目录来写
5  # basedir=D:\EdgeServiceV1.1\mysql
6  basedir=D:\EdgeServiceV1.1\mysql
7  # 设置mysql数据库的数据的存放目录，解压后的文件里有个Data文件夹
8  # datadir=D:\EdgeServiceV1.1\mysql\data
9  datadir=D:\EdgeServiceV1.1\mysql\data
10 # 允许最大连接数
11 max_connections=200
12 # 允许连接失败的次数。
13 max_connect_errors=10
14 # 服务端使用的字符集默认为UTF-8
15 character-set-server=utf8mb4
16 # 创建新表时将使用的默认存储引擎
17 default-storage-engine=INNODB
18 # 默认使用"mysql_native_password"插件认证
19 #mysql_native_password
20 default_authentication_plugin=mysql_native_password
21 # 默认时区
22 default-time-zone = '+8:00'
23 □[mysql]
24 # 设置mysql客户端默认字符集
25 default-character-set=utf8mb4
26 □[client]
27 # 设置mysql客户端连接服务端时默认使用的端口
28 port=3306
29 default-character-set=utf8mb4
```

图 7-8　配置文件

然后通过批处理文件 "startup.bat" 加载配置，同时启动 MySQL 数据库服务。批处理文件如图 7-9 所示。

```
1  @echo off
2  cd..
3  set myIni=%cd%\my.ini
4  cd bin
5  set path=%cd%
6  mysqld "--defaults-file=%myIni%" --console
```

图 7-9　批处理文件

（2）在 D 盘 "EdgeServiceV1.1" 文件夹中，可以通过批处理命令启动 MySQL 数据库服务。批处理命令如图 7-10 所示。

```
1  @echo off
2  title MySQL Ctrl+C键结束服务
3  @echo 正在启动MySQL...
4  @echo .
5  @echo ...小提示.............................................. .
6  @echo .                                                       .
7  @echo . MySQL默认参数                                          .
8  @echo . 主机名/IP: 127.0.0.1                                   .
9  @echo . 用户名: root                                           .
10 @echo . 密码: 123456                                          .
11 @echo . 端口: 3306                                            .
12 @echo .                                                       .
13 @echo .............................................. .
14 cd /d %~dp0
15 set startDir=%cd%
16 cd "%startDir%\mysql\bin"
17 call startup.bat
```

图 7-10　批处理命令

（3）双击打开 MySQL 数据库批处理文件"30MySQLRun.bat"，可以启动 MySQL 数据库服务，如图 7-11 所示。

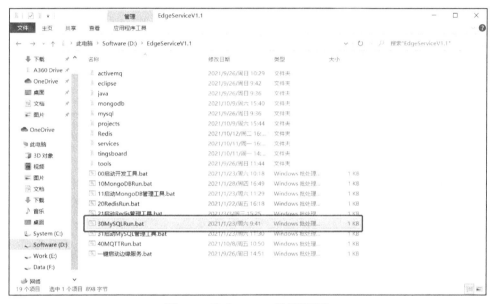

图 7-11　启动 MySQL 数据库服务

（4）在 D 盘"EdgeServiceV1.1"文件夹中，可以通过批处理命令启动 DBeaver 工具。批处理命令如图 7-12 所示。

```
1  @echo off
2  title MySQL管理工具
3  @echo 正在启动MySQL管理工具...
4  cd /d %~dp0
5  set startDir=%cd%
6
7  echo %startDir%|findstr /ibe "[0-9a-z:\\\~\!\@\#\$\(\)\_\+\`\-\=\;\'\.\,]*">nul&&goto run||goto error
8
9  :error
10 echo 错误：不要把版本解压放在包含有中文、空格和特殊字符的目录！
11 pause
12 goto end
13
14 :run
15 cd "%startDir%\tools\dbeaver"
16 start dbeaver.exe
17
18 rem 延迟关闭
19 ping 127.0.0.1 > nul
20
21 :end
```

图 7-12　批处理命令

167

（5）双击打开 MySQL 数据库批处理文件"31 启动 MySQL 管理工具.bat"，可以启动 DBeaver 工具，如图 7-13 所示。

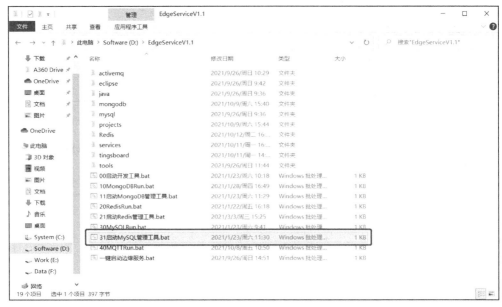

图 7-13　启动 DBeaver 工具

3. DBeaver 工具的应用

（1）在 DBeaver 主界面中，单击菜单栏中"新建连接"选项，在弹出的"创建新连接"界面中，选择"MySQL 5"选项并单击"下一步"按钮，如图 7-14 所示，可以新建一个 MySQL 数据库连接。

图 7-14　新建 MySQL 连接

（2）在"创建新连接"界面中，配置数据库服务器地址和端口，配置数据库认证的用户名和密码，单击"完成"按钮，如图 7-15 所示，即可完成 MySQL 数据库连接建立。

图 7-15　连接配置

（3）在"数据库导航"中，右键单击连接，从下拉框中单击"连接"，进行 MySQL 数据库服务的连接，如图 7-16 所示。如果 MySQL 数据库服务正常启动，且连接配置正常，则无异常提示。

（4）展开"localhost"连接，右键单击"数据库"，在下拉框中单击"新建 数据库"，如图 7-17 所示，可以新建一个 MySQL 数据库。

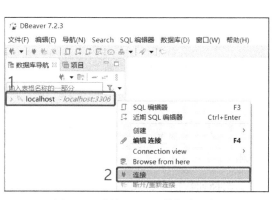

图 7-16　连接 MySQL 数据库服务

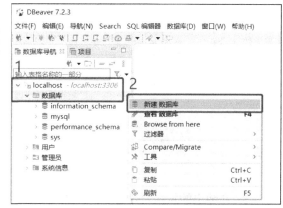

图 7-17　新建 MySQL 数据库

（5）在弹出的"Create database"界面中，设置数据库名称为"DataService"，选择数据库字符集和排序规则，并单击"确定"按钮，如图 7-18 所示，完成 MySQL 数据库新建。

（6）展开"DataService"数据库，右键单击"表"，在下拉框中单击"新建 表"，如图 7-19 所示，可以新建一张数据表。

图 7-18　数据库配置　　　　　　　　　　　图 7-19　新建表

（7）在新建表界面中，右键单击"列"空白处，在下拉框中单击"新建 列"，如图 7-20 所示，可以新建一个列。

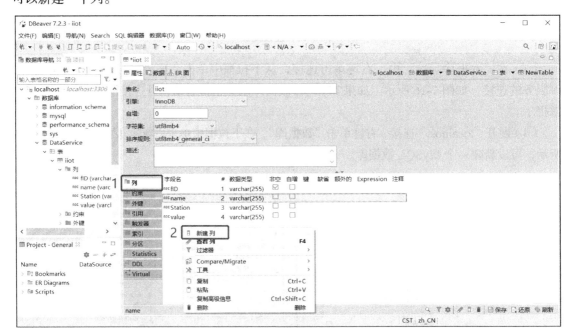

图 7-20　新建列

（8）在弹出的新建列界面中，设置列名称为"fID"，选择列数据类型和非空属性，并单击"确定"按钮，如图 7-21 所示，完成列配置。

（9）选中"约束"，右键单击空白处，在下拉框中单击"新建 约束"，如图 7-22 所示，可以配置一个主键。

（10）在弹出的新建约束界面中，类型选择"PRIMARY KEY"，并勾选作为主键的字段，然后单击"确定"按钮，如图 7-23 所示，完成约束配置。

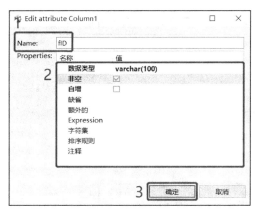

图 7-21　列配置

图 7-22　新建约束

图 7-23　约束配置

（11）设置表名，完成列新建及约束配置，单击"保存"选项（见图 7-24），在弹出的执行修改界面中，单击"执行"按钮（见图7-25），完成表新建及配置。

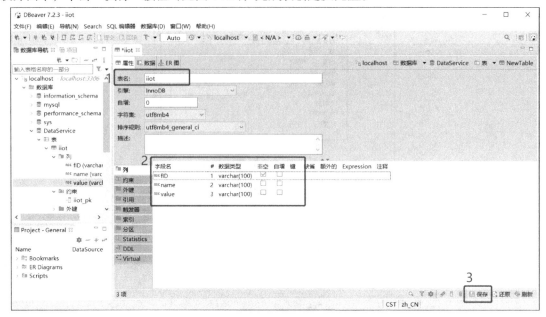

图7-24　保存

图7-25　执行脚本

4．SQL语句应用

（1）在主界面菜单栏中，单击"SQL编辑器"，如图7-26所示，可以新建
SQL编辑器。

SQL语句应用

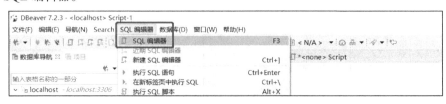

图7-26　新建SQL编辑器

（2）在编辑器中，输入以下代码，并单击"执行SQL语句"，如图7-27所示，可以向表中新
增数据。

```
1. INSERT INTO DataService.iiot(fID,name,value)
2. VALUES ('1','用电量1','1000'),('2','用水量1','2000'),('3','用气量1','3000'),('4',
'用电量2','1001'),('5','用水量2','2001'),('6','用气量2','3001');
```

图 7-27　执行 SQL 脚本

执行成功，刷新数据表，可以看到数据被成功添加到表中，如图 7-28 所示。

图 7-28　添加结果

173

（3）在编辑器中，修改并输入以下代码，单击"执行 SQL 语句"，可以修改表中数据。

```
1. UPDATE DataService.iiot SET value = '1000.96' WHERE name = '用电量1';
```

执行成功，刷新数据表，可以看到数据被修改，如图 7-29 所示。

图 7-29　更新结果

（4）在编辑器中，修改并输入以下代码，单击"执行 SQL 语句"，可以根据特定条件查询表中数据。

```
1. SELECT * FROM DataService.iiot WHERE name = '用电量1';
```

执行成功，可以看到根据特定条件查询的数据被筛选出来，如图 7-30 所示。

图 7-30　查询结果

（5）在编辑器中，修改并输入以下代码，单击"执行 SQL 语句"，可以删除表中数据。

```
1. DELETE FROM DataService.iiot WHERE fID = '1';
```

执行成功，刷新数据表，可以看到数据被删除，如图 7-31 所示。

图 7-31 删除结果

7.1.6 实训结果

（1）完成 Redis 数据库和 RDM 工具的部署，RDM 能正常启动，可以看到 RDM 工具主界面，如图 7-32 所示。

图 7-32 RDM 工具主界面

（2）完成 MySQL 数据库和 DBeaver 工具的部署，DBeaver 能正常启动，可以看到 DBeaver 工具主界面，如图 7-33 所示。

（3）新建数据库连接、数据库和数据表，并能通过 SQL 语句的应用对数据表进行增、删、改、查等操作。操作结果如图 7-34 所示。

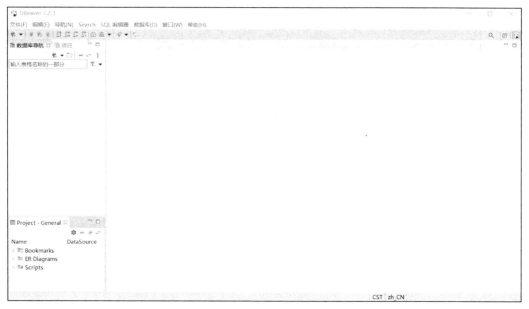

图 7-33　DBeaver 工具主界面

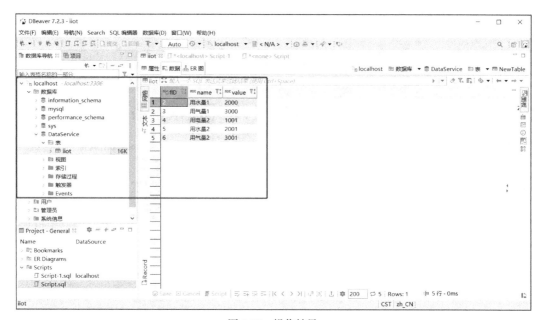

图 7-34　操作结果

7.2　任务二　MySQL 数据存储服务开发

7.2.1　实训要求

通过本实训课程让学生：

➢　了解 Java 持久层框架；

➢ 掌握 Hibernate 框架；

➢ 掌握 Spring 框架；

➢ 掌握 MySQL 数据存储服务的开发。

7.2.2　实训目标

本实训课程让学生掌握 Hibernate 框架和 Spring 框架，并能通过 Eclipse 开发工具，进行 MySQL 数据存储服务的开发。通过数据存储服务的开发，实现边缘服务数据持久化存储。

7.2.3　理论基础

1.　Java 持久层框架

持久化（Persistence），即把数据（如内存中的对象）保存到可永久保存的存储设备中（如磁盘）。持久化的主要应用是将内存中的数据存储在关系数据库中，当然也可以存储在磁盘文件、XML 数据文件中等。

持久层（Persistence Layer），即专注于实现数据持久化应用领域的某个特定系统的一个逻辑层，将数据使用者和数据实体关联。

持久层设计的目标如下。

● 数据存储逻辑的分离，提供抽象化的数据访问接口。

● 数据访问底层实现的分离，可以在不修改代码的情况下切换底层实现。

● 资源管理和调度的分离，在数据访问层实现统一的资源调度（如缓存机制）。

● 数据抽象，提供更面向对象的数据操作。

常见的持久层框架如下。

● Hibernate。

● MyBatis。

● TopLink。

● Guzz。

● jOOQ。

● Spring Data。

● ActiveJDBC。

2.　ORM

ORM（Object-Relational Mapping，对象关系映射）就是利用描述对象和关系数据库之间的映射信息，自动将 Java 应用程序中的对象持久化到关系数据库的表中。通过操作 Java 对象，就可以完成对数据库表的操作。

3.　Hibernate 框架

Hibernate 是一款免费、开源的持久层框架，它对 JDBC 进行了轻量级的对象封装，给对象与数据库表建立了映射关系，使 Java 编程人员可以随心所欲地使用面向对象的编程思想操作数据库。Hibernate 具有简单易用、灵活性强、扩展性强等特点，大大提高了程序的开发效率。

与其他操作数据库的技术相比，Hibernate 具有以下几个优势。

- Hibernate 对 JDBC 访问数据库的代码进行了轻量级封装，大大简化了数据访问层烦琐的重复性代码，并且减少了内存消耗，提高了运行效率。
- Hibernate 使用 Java 的反射机制，而不是使用字节码增强程序类，并实现了透明性。
- Hibernate 功能强大，映射的灵活性很出色。它支持很多关系数据库，从一对一到多对多的各种复杂关系。
- 可扩展性强，由于源代码的开源以及 API 的开放，当本身功能不够用时，可以自行编码进行扩展。

4. Spring 框架

Spring 框架是一个开放源代码的 J2EE 应用程序框架，由 Rod Johnson 发起，是针对 bean 的生命周期进行管理的轻量级容器（Lightweight Container）。Spring 框架具有分层架构，由 7 个定义良好的模块组成。Spring 模块构建在核心容器之上，核心容器定义了创建、配置和管理 bean 的方式。核心容器提供 Spring 框架的基本功能（Spring Core）。核心容器的主要组件是 BeanFactory，它是工厂模式的实现。BeanFactory 使用控制反转（IoC）模式将应用程序的配置和依赖性规范与实际的应用程序代码分开。

由于使用 JDBC 编程的时候，数据库操作的代码非常烦琐，虽然引入 Hibernate 框架，数据库的操作代码大大简化，但代码仍然比较烦琐，所以通过使用 Spring 依赖注入和 AOP 来简化 Hibernate 应用。

Spring 在资源管理、DAO 的实现及事务策略方面提供与 Hibernate 的集成，通过 IoC 对 Hibernate 提供一流的支持，并在解决典型的 Hibernate 整合问题中有突出的作用。

在实际应用开发中，Web 程序的依赖关系是这样的：Action 依赖 Biz，Biz 依赖 DAO，DAO 依赖 SessionFactory，SessionFactory 依赖 DataSource。可以使用 Spring 的依赖注入来管理这些对象。事务处理在实际应用中非常重要，如果在每个涉及数据库操作的方法中都加入事务控制代码，那将是一件很痛苦的事情，而 Spring AOP 可以很好地解决这个问题。

7.2.4　实训器材

硬件需求如表 7-3 所示。

表 7-3　硬件需求

序号	名称
1	计算机 （操作系统为 Windows 10 64 位，能够连接外网）
2	Wi-Fi 数据采集卡
3	网关数据采集卡
4	LoRa 数据采集卡
5	OPC UA 服务器
6	工作站
7	电源线、信号线、网线

软件需求如表 7-4 所示。

表 7-4　软件需求

序号	名称
1	Eclipse 开发工具
2	DBeaver 工具
3	边缘服务开发包

7.2.5　实训步骤

MySQL 数据
存储服务开发

1. 数据采集通信检查

（1）检查 Wi-Fi 数据采集卡、网关数据采集卡、LoRa 数据采集卡与工作站通信是否正常。

（2）检查边缘服务器与 AP 管理器、智能网关、LoRa 网关和 OPC UA 服务器通信是否正常。

2. 项目新建及配置

（1）启动 Eclipse 开发工具，新建一个 Spring Boot 项目，设置项目名称为"DataService"，设置包名称为"com.nle.edgeservice"，如图 7-35 所示。

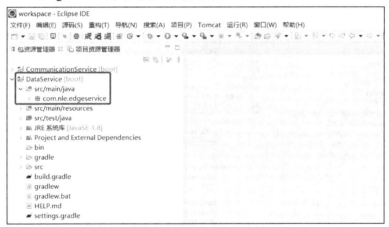

图 7-35　新建项目

（2）右键单击项目，依次选择"新建-文件夹"，新建一个文件夹，设置文件夹名称为"libs"。将"D:\EdgeServiceV1.1\services"文件夹下的"EdgeServiceSDK.jar"包复制到"libs"文件夹中，如图 7-36 所示。

（3）在构建脚本"build.gradle"的 dependencies 闭包中，设置项目依赖的 JAR 包配置。

build.gradle

```
1. implementation 'org.springframework.boot:spring-boot-starter-data-jpa'

2. implementation 'mysql:mysql-connector-java'

3. implementation group: 'org.apache.httpcomponents', name: 'httpclient', version:
'4.5.13'

4. implementation group: 'com.alibaba', name: 'fastjson', version: '1.2.78'

5. implementation fileTree(dir: 'libs', include: ['*.jar'])
```

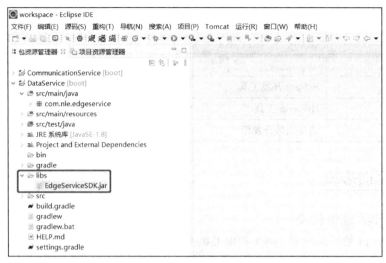

图 7-36　复制 JAR 包

（4）保存配置，右键单击 "build.gradle"，在下拉框中依次单击 "Gradle-Refresh Gradle Project"，刷新配置文件，并查看远程依赖的 JAR 包是否正常下载，JAR 包是否成功引用，如图 7-37 所示。

图 7-37　查看下载的依赖包

（5）在 "src/main/resources" 下的 "application.properties" 文件中配置数据库的连接参数，为了避免 Tomcat 端口冲突，服务端口设置为 8082。

application.properties

```
1. #MySQL
2. spring.datasource.url = jdbc:mysql://localhost:3306/dataservice
3. spring.datasource.username = root
```

```
4.  spring.datasource.password = 123456
5.  spring.datasource.driver-class-name = com.mysql.cj.jdbc.Driver
6.  spring.sql.init.mode = always
7.  #JPA
8.  spring.jpa.database = mysql
9.  spring.jpa.properties.hibernate.dialect = org.hibernate.dialect.MySQL8Dialect
10. #Tomcat
11. server.port = 8082
```

3. 数据库模型开发

（1）在包资源管理器中，右键单击"com.nle.edgeservice"包新建一个包，包名设置为"model"；在包下新建一个类，类名设置为"DS001"，如图 7-38 所示。

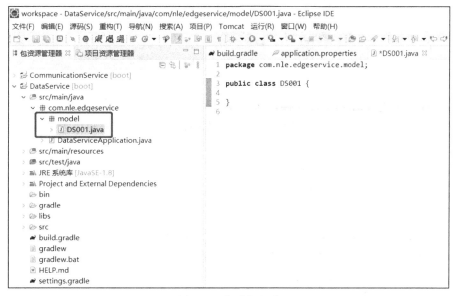

图 7-38　新建包和类

（2）在"DS001.java"类文件中，声明以下类别。

DS001.java

```
1. import java.util.Date;
2. import javax.persistence.Column;
3. import javax.persistence.Entity;
4. import javax.persistence.Id;
5. import javax.persistence.Table;
```

（3）在"DS001.java"类文件中，定义"@Entity"等注解，并在 DS001 类中，声明 name 等变量，代码如下。

DS001.java

```
1. @Entity
2. @Table(name="ds001")
```

```
3. public class DS001 {
4.     @Id
5.     public String fID;
6.     public String name;
7.     public String label;
8.     public String address;
9.     public String comment;
10.     @Column(name="value_type")
11.     public String valueType;
12.     public String url;
13.     public String value;
14.     public String station;
15.     @Column(name="date_time")
16.     public Date dateTime;
17. }
```

代码分析如下。

① 第 1 行@Entity 表示对实体注释，任何 Hibernate 映射对象都要有这个注释。

② 第 2 行@Table 表示声明此对象映射到数据库的数据表，通过它可以为实体指定表或者目录的名字。

③ 第 4 行@Id 表示声明此属性为主键。

④ 第 15 行@Column 表示声明该属性与数据库字段的映射关系。

4. 数据存储服务开发

（1）右键单击"com.nle.edgeservice"包新建一个包，包名设置为"service"；在包下新建一个接口（见图 7-39），接口名设置为"DataRepository"（见图 7-40）。

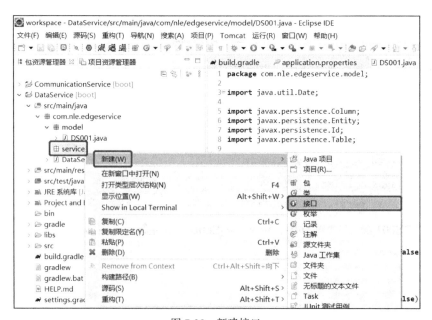

图 7-39 新建接口

图 7-40　接口配置

（2）在"DataRepository.java"接口文件中，声明以下类别，同时将 DataRepository 继承于 CrudRepository 接口，在接口中定义一个 save()方法。

DataRepository.java

```
1. import org.springframework.data.repository.CrudRepository;
2. import com.nle.edgeservice.model.DS001;
3. public interface DataRepository extends CrudRepository<DS001, String> {
4.     public DS001 save(DS001 ds001);
5. }
```

（3）右键单击"service"包，新建一个接口，接口名设置为"DataService"，新增一个 save() 方法，实现批量保存。

DataService.java

```
1. import java.util.ArrayList;
2. import com.nle.edgeservice.model.DS001;
3. public interface DataService {
4.     public void save(ArrayList<DS001> dsList);
5. }
```

（4）右键单击"service"包，新建一个类，类名设置为"DataServiceImpl"，在类文件中声明以下类别，添加"@Service"注解，并实现 DataService 接口，如图 7-41 所示。

DataServiceImpl.java

```
1. import java.util.ArrayList;
2. import org.springframework.beans.factory.annotation.Autowired;
3. import org.springframework.stereotype.Service;
```

```
4. import org.springframework.transaction.annotation.Transactional;
5. import com.nle.edgeservice.model.DS001;
```

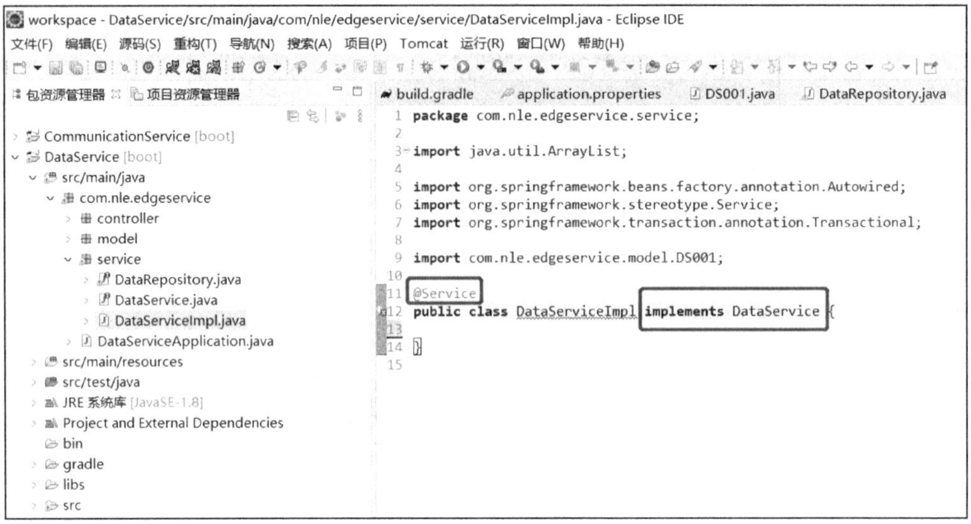

图 7-41　新增注解

（5）在 DataServiceImpl 类中，使用@Autowired 注解，将 DataRepository 自动注入，并在类中实现继承自 DataService 的 save()方法。

DataServiceImpl.java

```
1. @Autowired
2. private DataRepository dataRepository;
3. @Override
4. @Transactional
5. public void save(ArrayList<DS001> dsList) {
6.     for(DS001 ds001:dsList) {
7.         dataRepository.save(ds001);
8.     }
9. }
```

其中，@Transactional 注解表示 save()方法具备事务属性。

5．主服务开发

（1）在包资源管理器中，右键单击"com.nle.edgeservice"包新建一个包，包名设置为"controller"；在包下新建一个类，类名设置为"DataController"。在"DataController.java"类文件中，声明以下类别，并新增"@RestController"注解，如图 7-42 所示。

DataController.java

```
1. import java.io.IOException;
2. import java.util.ArrayList;
3. import java.util.Date;
```

```
4. import java.util.Timer;

5. import java.util.TimerTask;

6. import java.util.UUID;

7. import javax.annotation.PostConstruct;

8. import org.apache.http.client.ClientProtocolException;

9. import org.springframework.beans.factory.annotation.Autowired;

10. import org.springframework.web.bind.annotation.RestController;

11. import com.nle.edgeservice.model.DS001;

12. import com.nle.edgeservice.service.DataServiceImpl;

13. import sdk.v1.*;
```

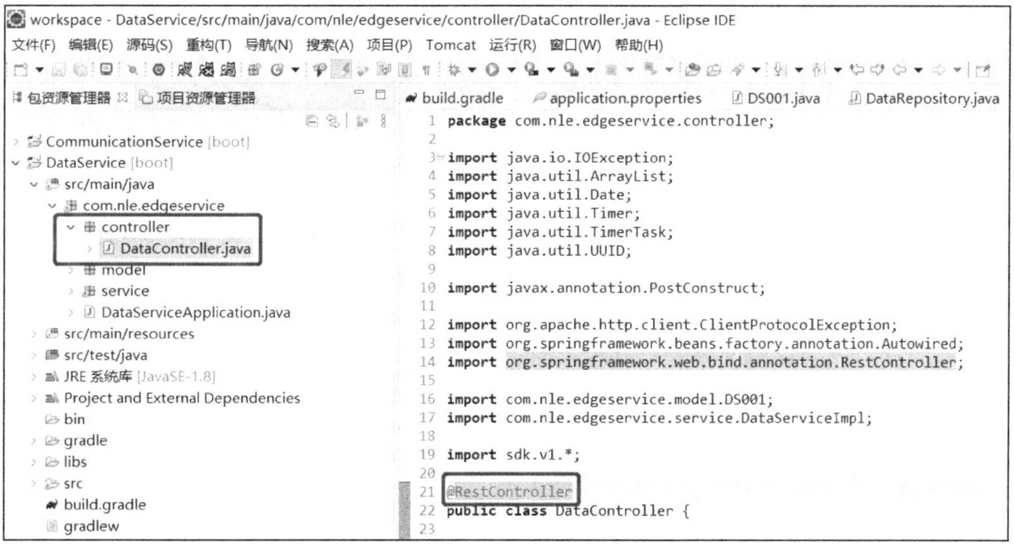

图 7-42　新增注解

（2）使用@Autowired 注解，将 DataServcieImpl 自动注入，并且实例化 SDK 包中的 GetStation-Action、GetPointAction、GetValueAction 这 3 个类。

DataController.java

```
1. private ArrayList<Station> stations = new ArrayList<Station>();

2. private ArrayList<Point> points = new ArrayList<Point>();

3. @Autowired

4. private DataServiceImpl dataServiceImpl;

5. private GetPointAction getPointAction=new GetPointAction();

6. private GetStationAction getStationAction=new GetStationAction();

7. private GetValueAction getValueAction=new GetValueAction();
```

（3）在 DataController 类中，新增 save ()方法，调用 DataServcieImpl 的 save()方法，代码如下。

DataController.java

```
1. public void save(ArrayList<DS001> models) {
2.     System.out.println("数据服务: 开始定时保存");
3.     if(models.size() == 0) {
4.         System.out.println("未检测到需要保存的数据");
5.         return;
6.     }
7.     try {
8.         dataServiceImpl.save(models);
9.         System.out.println("数据服务: 保存成功共保存"+models.size()+"条");
10.     } catch (Exception e) {
11.         e.printStackTrace();
12.         System.out.println("数据服务: 保存失败");
13.     }
14. }
```

（4）在 DataController 类中，新增 runSave()方法，实现数据赋值，并调用 save()方法，代码如下。

DataController.java

```
1. private void runSave() {
2.     ArrayList<DS001> ds001List = new ArrayList<DS001>();
3.     //循环遍历所有的点位
4.     for (Point point : points) {
5.         DS001 ds001 = new DS001();
6.         ds001.fID= UUID.randomUUID().toString();
7.         ds001.name = point.getName();
8.         ds001.label = point.getLabel();
9.         ds001.address = point.getAddress();
10.         ds001.station = point.getStation().getLabel();
11.         ds001.comment = point.getComment();
12.         //获取点位的值
13.         getValueAction.setPoint(point);
14.         try {
15.             ds001.value = getValueAction.run();
16.         } catch (Exception e) {
17.             System.out.println(e);
18.         }
19.         ds001.url = point.getStation().getUrl();
20.         ds001.valueType = point.getValueType();
```

```
21.            ds001.dateTime = new Date();
22.            //将 ds001 作为一个元素加到 ds001List 集合中
23.            if (ds001.value!= null) {
24.                ds001List.add(ds001);
25.            }
26.        }
27.     //调用 save()方法，保存 ds001List 集合
28.     save(ds001List);
29. }
```

（5）在 DataController 类中，新增 runTimerTask ()方法，实现定时保存数据，并调用 runSave()方法，代码如下。

DataController.java

```
1. private void runTimerTask() {
2.     TimerTask timerTask = new TimerTask() {
3.         @Override
4.         public void run() {
5.             try {
6.                 runSave();
7.             } catch (Exception e) {
8.                 System.out.println("数据保存失败");
9.             }
10.        }
11.    };
12.    Timer timer = new Timer();
13.    long delay = 0;
14.    long intevalPeriod = 5 * 1000;
15.    timer.schedule(timerTask, delay, intevalPeriod);
16. }
```

（6）在 DataController 类中，新增 loadPoints()方法，获取配置点位，代码如下。

DataController.java

```
1. private void loadPoints() throws ClientProtocolException, IOException {
2.     //循环遍历所有的站点
3.     for (Station station : stations) {
4.         getPointAction.setStation(station);
5.         ArrayList<Point> pointList = null;
6.         try {
7.             pointList = getPointAction.run();
8.         } catch (Exception e) {
```

```
9.              System.out.println(e);
10.          }
11.          //把 pointList 中的每一个元素加到 points 中
12.          points.addAll(pointList);
13.      }
14. }
```

（7）在 DataController 类中，新增 dataServiceRun()方法，获取配置站点集合，并调用 loadPoints() 和 runTimerTask ()方法，启动数据存储服务，代码如下。

DataController.java

```
1. @PostConstruct
2. public void dataServiceRun() throws ClientProtocolException, IOException {
3.      System.out.println("开始启动数据服务");
4.      //获取所有 Station
5.      getStationAction.SetDriverType(DriverType.ALL);
6.      stations = getStationAction.run();
7.      //获取所有 Point
8.      loadPoints();
9.      //定时存储
10.     runTimerTask();
11. }
```

6. 数据存储服务打包部署

（1）在构建脚本"build.gradle"的 bootJar 闭包中，新增项目的打包配置。

build.gradle

```
1. bootJar {
2.      //指定 JAR 包包名
3.      baseName = 'nle.dataservice'
4.      //指定版本号
5.      version = '0.1'
6.      //指定打包路径
7.      destinationDir = file("$rootDir/../../../projects/DataService")
8. }
```

（2）保存项目，在 Gradle Tasks 工作台中，依次展开"DataService-build"文件夹，双击"bootJar"，编译并打包项目。

（3）在"D:\EdgeServiceV1.1\projects\DataService"文件夹下新建一个名为"application"的 TXT 文档，将扩展名修改为".properties"即可转为配置文件。使用记事本编辑，输入并保存以下内容。

```
1. #MySQL
2. spring.datasource.url = jdbc:mysql://localhost:3306/dataservice
3. spring.datasource.username = root
4. spring.datasource.password = 123456
5. spring.datasource.driver-class-name = com.mysql.cj.jdbc.Driver
6. spring.sql.init.mode = always
7. #JPA
8. spring.jpa.database = mysql
9. spring.jpa.properties.hibernate.dialect = org.hibernate.dialect.MySQL8Dialect
10. #Tomcat
11. server.port = 8082
```

（4）在"DataService"文件夹下新建一个名为"dataserviceRun"的 TXT 文档，将扩展名修改为".bat"即可转为批处理文件。使用记事本编辑，输入并保存以下内容。

```
1. cd /d %~dp0
2. cd ..
3. cd ..
4. set startDir=%cd%
5. set JAVA_HOME=%startDir%\java
6. set PATH=%JAVA_HOME%/bin;%JAVA_HOME%/java/bin
7. cd %startDir%\projects\DataService
8. start java -jar nle.dataservice-0.1.jar
```

7.2.6　实训结果

1. 数据库数据存储应用

（1）将"D:\EdgeServiceV1.1\services\DataService"文件夹下的"schema.sql"文件复制到"src/main/resources"下，如图 7-43、图 7-44 所示。该文件是 SQL 文件，当项目运行时会执行里面的 SQL 语句，在数据库中新建一个表，表名为"ds001"，字段名与 DS001 类的成员变量一致。

图 7-43　复制 schema 文件

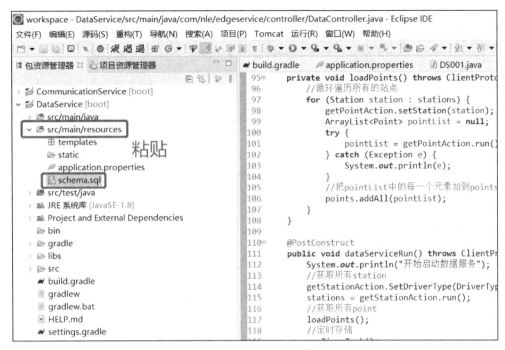

图 7-44　粘贴 schema 文件

（2）在"D:\EdgeServiceV1.1"文件夹中，双击启动 MongoDB 数据库服务、Redis 数据库服务、MQTT 服务和 MySQL 数据库服务，如图 7-45 所示。

图 7-45　启动服务

（3）在"D:\EdgeServiceV1.1\projects"文件夹下，分别启动 ApplicationService 和 Communication-Service，如图 7-46、图 7-47 所示。

图 7-46　启动 ApplicationService

图 7-47　启动 CommunicationService

（4）保存所有程序，右键单击"DataService"项目，依次选择"运行方式-Spring Boot App"，等待数据存储服务自动运行。通过控制台查看输出结果，采集的点位数据成功保存到 MySQL 数据库，如图 7-48 所示。

数据服务：开始定时保存
数据服务：保存成功共保存7条
数据服务：开始定时保存
数据服务：保存成功共保存7条
数据服务：开始定时保存
数据服务：保存成功共保存7条
数据服务：开始定时保存
数据服务：保存成功共保存7条
数据服务：开始定时保存
数据服务：保存成功共保存7条

图 7-48　输出结果

（5）打开 DBeaver，查看 dataservice 数据库 ds001 数据表中保存的点位数据，数据库数据如图 7-49 所示。

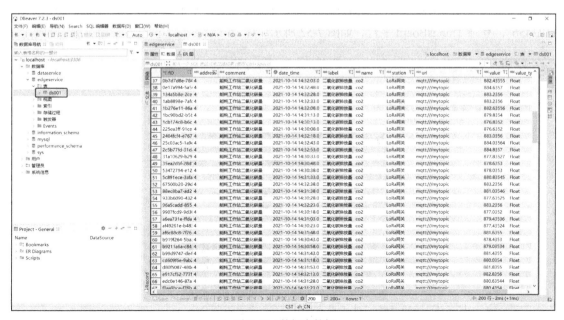

图 7-49　数据库数据

2. ThingsBoard 数据显示应用

（1）在"D:\EdgeServiceV1.1\thingsboard"文件夹下，启动 ThingsBoard 服务，如图 7-50 所示。

ThingsBoard 数据
显示应用

图 7-50　启动 ThingsBoard 服务

（2）在"D:\EdgeServiceV1.1\services\ThingsBoardService"文件夹下，启动 ThingsBoard 通信服务，如图 7-51 所示。

图 7-51　启动 ThingsBoard 通信服务

（3）打开网络浏览器，输入 URL 地址"localhost:8080"，使用用户名"nle@nle.com"，密码"123456"，登录 ThingsBoard 平台，如图 7-52 所示。

图 7-52　登录 ThingsBoard 平台

（4）在 ThingsBoard 平台上直接查看采集的数据。数据显示如图 7-53 所示。

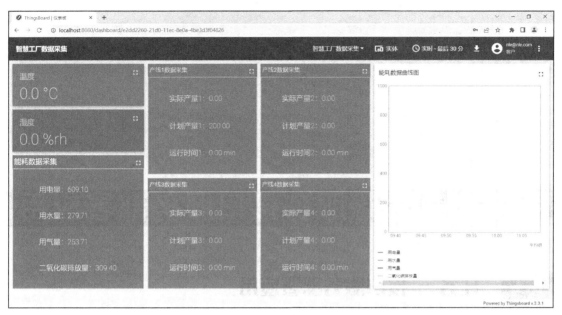

图 7-53　数据显示

第8章 边缘服务接口服务部署应用

8.1 任务— 接口服务部署应用

8.1.1 实训要求

通过本实训课程让学生：
- ➢ 掌握 HTTP；
- ➢ 掌握 HTTP 常用的请求方法；
- ➢ 掌握 JSON 数据交互格式。

8.1.2 实训目标

本实训课程让学生掌握 HTTP，部署接口服务，借助接口测试工具调用接口服务，实现边缘服务与应用层系统的数据交互。

8.1.3 理论基础

1. HTTP

HTTP（Hyper Text Transfer Protocol，超文本传送协议）是一种用于分布式、协作式和超媒体信息系统的应用层协议，是万维网数据通信的基础。

HTTP 工作于客户-服务器体系结构。浏览器作为 HTTP 客户端，通过 URL 向 HTTP 服务端即 Web 服务器发送所有请求。Web 服务器根据接收到的请求，向客户端发送响应信息。HTTP 交互如图 8-1 所示。

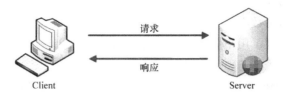

图 8-1 HTTP 交互

HTTP 有以下主要特点。

● 简单快速：当客户端向服务器请求服务时，只需传送请求方法和路径。常用的请求方法有 GET、HEAD、POST。每种方法规定了客户与服务器联系的类型不同。由于 HTTP 简单，使得 HTTP 服务器的程序规模小，因而通信速度很快。

● 灵活：HTTP 允许传输任意类型的数据对象。正在传输的类型由 Content-Type 加以标记。

● 无连接：无连接的含义是限制每次连接只处理一个请求。服务器处理完客户的请求，并收到客户的应答后，即断开连接。采用这种方式可以节省传输时间。

● 无状态：HTTP 是无状态协议。无状态是指协议对于事务处理没有记忆能力。缺少状态意味着如果后续处理需要前面的信息，则它必须重传，这样可能导致每次连接传送的数据量增大。然而，在服务器不需要先前信息时它的应答就较快。

2. HTTP 请求方法

HTTP 定义了与服务器交互的不同方法，最基本的方法有 4 种，分别是 GET、POST、PUT、DELETE。

（1）GET 方法。

GET 是最常用的方法，通常用于请求服务器发送某个资源，它仅仅是获取资源信息，就像数据库查询一样，不会修改和增加数据，不会影响资源的状态。

（2）POST 方法。

POST 方法向服务器提交数据，比如完成表单数据的提交，将数据提交给服务器处理。

（3）PUT 方法。

PUT 方法是让服务器用请求的主体部分来创建一个由所请求的 URL 命名的新文档，如果那个文档存在，就用这个主体来代替它。

（4）DELETE 方法。

DELETE 方法就是请求服务器删除指定 URL 所对应的资源。但是，客户端无法保证删除操作一定会被执行，因为 HTTP 规范允许服务器在不通知客户端的情况下撤销请求。

3. JSON 数据交互格式

JSON（JavaScript Object Notation，JS 对象表示法）是一种轻量级的数据交换格式。它基于 ECMAScript 的一个子集，采用完全独立于编程语言的文本格式来存储和表示数据。简洁和清晰的层次结构使得 JSON 成为理想的数据交换语言，易于阅读和编写，同时也易于机器解析和生成，能有效地提升网络传输效率。

JSON 格式规则如下。

（1）并列的数据之间用逗号（,）分隔。

（2）映射用冒号（:）表示。

（3）并列数据的集合（数组）用方括号（[ ]）表示。

（4）映射的集合（对象）用花括号（{ }）表示。

JSON 样例如下。

{K：V}：这是一个键值对的 JSON 串，K 都为 String 格式，V 可以为 Object、数组和集合。

例如：

```
{
"action":"com.nle.service.api.GetPointValue",
"actionParam":{
"pointUrl":"modbus:tcp://192.168.1.25:502:actuallynum1 "
}
}
```

4. 接口服务统一规范

（1）URL。

接口地址为"http://localhost:8084/{action}"，其中 action 代表不同的接口类型。

接口类型如表 8-1 所示。

表 8-1　接口类型

action 名称	功能说明
GetStations	获取 MongoDB 数据库 Station 集合中指定驱动类型的文档数据
GetPoints	获取 MongoDB 数据库 Point 集合中指定 Station 的文档数据
GetValue	从 Redis 数据库获取 point 的值
SetValue	将 point 存储到 Redis 数据库

（2）请求参数说明。

请求参数说明如表 8-2 所示。

表 8-2　请求参数说明

名称	必填	类型	说明
actionParam	是	JSON	请求参数集

actionParam 参数说明如表 8-3 所示。

表 8-3　actionParam 参数说明

名称	必填	类型	说明
driver	是	String	请求的驱动类型
station	是	JSON	请求的 station 信息
point	是	JSON	请求的 point 信息

（3）返回参数说明。

返回参数说明如表 8-4 所示。

表 8-4　返回参数说明

名称	类型	说明
message	String	返回信息：成功则返回"succeed"； 失败则返回"failure"
data	JSON	返回数据结果集，接口不同内容也不同

8.1.4　实训器材

硬件需求如表 8-5 所示。

表 8-5　硬件需求

序号	名称
1	计算机 （操作系统为 Windows 10 64 位，能够连接外网）
2	Wi-Fi 数据采集卡
3	网关数据采集卡
4	LoRa 数据采集卡
5	OPC UA 服务器
6	工作站
7	电源线、信号线、网线

软件需求如表 8-6 所示。

表 8-6　软件需求

序号	名称
1	谷歌浏览器
2	Talend API Tester 接口测试工具
3	边缘服务开发包

8.1.5　实训步骤

接口服务部署运行

1．数据采集通信检查

（1）检查 Wi-Fi 数据采集卡、网关数据采集卡、LoRa 数据采集卡与工作站通信是否正常。

（2）检查边缘服务器与 AP 管理器、智能网关、LoRa 网关和 OPC UA 服务器通信是否正常。

2．接口服务部署运行

（1）在"D:\EdgeServiceV1.1"文件夹中，双击启动 MongoDB 数据库服务、Redis 数据库服务和 MQTT 服务，如图 8-2 所示。

图 8-2　启动服务

（2）在"D:\EdgeServiceV1.1\projects"文件夹下，分别启动 ApplicationService 和 Communication-Service，如图 8-3、图 8-4 所示。

图 8-3　启动 ApplicationService

图 8-4　启动 CommunicationService

3. 接口测试工具部署

（1）启动谷歌浏览器，依次选择"自定义及控制-更多工具-扩展程序"，如图 8-5 所示，打开谷歌浏览器的"扩展程序"界面。

图 8-5　扩展程序

（2）在"扩展程序"界面中，打开开发者模式，如图 8-6 所示。

图 8-6　打开开发者模式

（3）将"D:\EdgeServiceV1.1\tools"文件夹中的 Talend API Tester 插件安装包"aejoelao-ggembcahagimdiliamlcdmfm_v25.8.1.crx"直接拖动到"扩展程序"界面中，如图 8-7 所示。

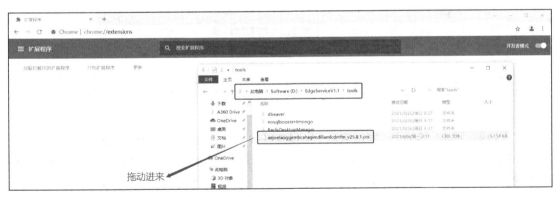

图 8-7　拖动插件

（4）在弹出的对话框中选择"添加扩展程序"，如图 8-8 所示，完成 Talend API Tester 接口测试工具的部署。

图 8-8　添加扩展程序

4. 接口服务测试

（1）在扩展程序中，选择并启动 Talend API Tester，如图 8-9 所示，进入 Talend API Tester 的主界面。

图 8-9 启动 Talend API Tester

（2）获取指定驱动类型的 Station 数据，设置请求方法为"POST"，URL 为"http://localhost: 8084/GetStations"，BODY 为"{"driver":"plc4x"}"。请求参数设置如图 8-10 所示。

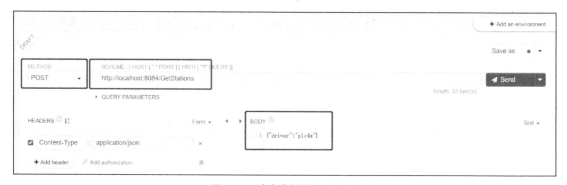

图 8-10 请求参数设置（一）

设置完成，单击"Send"，发送请求，可以查看接口服务返回的 Station 数据。

（3）获取指定 Station 的 Point 数据，设置请求方法为"POST"，URL 为"http://localhost: 8084/GetPoints"，BODY 为"{"station":{"id": "3"}}"。请求参数设置如图 8-11 所示。

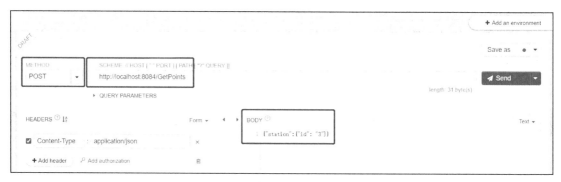

图 8-11 请求参数设置（二）

设置完成，单击"Send"，发送请求，可以查看接口服务返回的 Point 数据。

（4）从 Redis 数据库获取 point 的值，设置请求方法为"POST"，URL 为"http://localhost: 8084/GetValue"，BODY 为" {"point":{"station":{"url":"modbus:tcp://192.168.1.25:502"},"name": "plannum1"}}"，请求参数设置如图 8-12 所示。

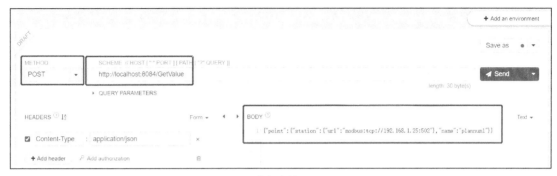

图 8-12 请求参数设置（三）

设置完成，单击"Send"，发送请求，可以查看接口服务返回的 point 值。

8.1.6 实训结果

（1）通过 GetStations 获取 MongoDB 数据库 Station 集合中指定驱动类型的文档数据，返回结果如图 8-13 所示。

```
Response                                    Cache Detected - Elapsed Time: 20ms

200

  BODY ⓘ                                                        pretty ▾

    ▾ {
      data : ▾ {
        stations : ▾ [
          ▾ {
            protocol : "opcua:tcp",
            address : "192.168.1.40:4840?discovery=false",
            name : "OPC Server",
            id : "2",
            label : "OPC UA驱务器",
            url :  "opcua:tcp://192.168.1.40:4840?discovery=false"
          },
          ▾ {
            protocol : "modbus:tcp",
            address : "192.168.1.25:502",
            name : "Intelligent Gateway",
            id : "3",
            label : "智能网关",
            url :  "modbus:tcp://192.168.1.25:502"
          }
        ]
      },
      message : "succeed"
    }
```

图 8-13 返回结果（一）

（2）通过 GetPoints 获取 MongoDB 数据库 Point 集合中指定 Station 的文档数据，返回结果如图 8-14 所示。

（3）通过 GetValue 从 Redis 数据库获取 point 的值，返回结果如图 8-15 所示。

```
Response                                                        Cache Detected - Elapsed Time: 20ms

200

▶  BODY ⑦                                                                        pretty ▾

   ▾ {
       data : ▾ {
           points : ▾ [
               ▾ {
                   address :  "holding-register:4",
                   topicAddress :  "null:holding-register:4",
                   valueType :  "Integer",
                   name :  "runtime1",
                   station : ▶ { id :  "4" },
                   comment :  "车间工作站站点1运行时间",
                   id :  "617ca5bce21d832694e43cb8",
                   label :  "运行时间1",
                   url : ☑ "null:runtime1"
               },
             ▶ { address :  "holding-register:5",  topicAddress :  "null:holding-register:5",  valueType :  "Integer",  name :  "plannum1",…},
             ▶ { address :  "holding-register:6",  topicAddress :  "null:holding-register:6",  valueType :  "Integer",  name :  "actuallynum1"
           ]
       },
       message :  "succeed"
   }
```

图 8-14　返回结果（二）

```
Response                                                        Cache Detected - Elapsed Time: 20ms

200

▶  BODY ⑦                                                                        pretty ▾

   ▾ {
       data : ▾ {
           value :  "200"
       },
       message :  "succeed"
   }
```

图 8-15　返回结果（三）